Wilfried Krusekopf

Küstensegeln

# Was Mitsegler wissen müssen



„Segeln ist die Kunst,
zielgerichtet nass und kalt zu werden,
um Tausendmarkscheine zerreißend
langsam nirgendwohin zu treiben."
*Seglerweisheit*

009se Abb.: wk

## Impressum


Wilfried Krusekopf
**Küstensegeln – Was Mitsegler wissen müssen**
erschienen im
Reise Know-How Verlag Peter Rump GmbH
Osnabrücker Straße 79, 33649 Bielefeld




**2., aktualisierte Auflage 2005**




**Lektorat und Gestaltung**
Umschlag: G. Pawlak, P. Rump (Layout), G. Pawlak (Realisierung)
Inhalt: G. Pawlak (Layout), K. Werner (Realisierung)
Lektorat: K. Werner
Fotos: der Autor (wk)
Zeichnungen: Th. Buri (tb), A. Medvedev, der Verlag

**Druck und Bindung**
J. P. Himmer GmbH & Co. KG, Augsburg

**ISBN 3-8317-1432-0**
Printed in Germany


Dieses Buch ist erhältlich in jeder Buchhandlung Deutschlands, Österreichs, der Schweiz, Belgiens und der Niederlande. Bitte informieren Sie Ihren Buchhändler über folgende Bezugsadressen:

**Deutschland**
Prolit GmbH, Postfach 9, D-35461 Fernwald (Annerod) sowie alle Barsortimente
**Schweiz**
AVA-buch 2000, Postfach 27, CH-8910 Affoltern
**Österreich**
Mohr Morawa Buchvertrieb GmbH
Sulzengasse 2, A-1230 Wien
**Niederlande, Belgien**
Willems Adventure
Postbus 403, NL-3140 AK Maassluis

Wer im Buchhandel trotzdem kein Glück hat, bekommt unsere Bücher auch in unserem **Büchershop im Internet: www.reise-know-how.de**

*Wir freuen uns über Kritik, Kommentare und Verbesserungsvorschläge.*

*Alle Informationen in diesem Buch sind vom Autor mit größter Sorgfalt gesammelt und vom Lektorat des Verlages gewissenhaft bearbeitet und überprüft worden.*

*Da inhaltliche und sachliche Fehler nicht ausgeschlossen werden können, erklärt der Verlag, dass alle Angaben im Sinne der Produkthaftung ohne Garantie erfolgen und dass Verlag wie Autor keinerlei Verantwortung und Haftung für inhaltliche und sachliche Fehler übernehmen.*

*Die Nennung von Firmen und ihren Produkten und ihre Reihenfolge sind als Beispiel ohne Wertung gegenüber anderen anzusehen. Qualitäts- und Quantitätsangaben sind rein subjektive Einschätzungen des Autors und dienen keinesfalls der Bewertung von Firmen oder Produkten.*

Wilfried Krusekopf

# Küstensegeln

## Was Mitsegler wissen müssen

## Ich glaub', ich krieg' den Bootskoller!
## MENSCHLICHES



## Mit Badehose und Ölzeug ...
## METEOROLOGISCHES



## Ich will ein Boot!
## CHARTERN



## ANHANG

# Vorwort

Vermutlich haben Sie schon irgendwo einmal im Urlaub am Hafen gestanden und gedacht: „Mensch, das wär's doch! Segel setzen, die Pinne in die Hand nehmen und raus aufs Meer". Genau um Ihnen dies bald zu ermöglichen, wurde dieses Buch geschrieben. Es kann die Praxis nicht ersetzen, aber es wird Ihnen den Einstieg in die ersten praktischen Erfahrungen erleichtern und so manchen Anfängerfrust vermeiden.

Das vorliegende Buch ist als Einstiegshilfe für gestresste Landlebewesen gedacht, die sich entspannt mit dem Segelsport beschäftigen möchten, ohne sich gleich mit Leib und Seele dem Klabautermann zu verschreiben. Es ist nicht gedacht für den erfahrenen Skipper, sondern für das angehende Besatzungsmitglied, das sich erst noch „Seebeine" wachsen lassen muss und möglicherweise das erste Mal das Deck einer Segelyacht betritt. Die Sprache in diesem Buch ist deshalb anfängerorientiert. In das „Seglerchinesisch" wird behutsam eingeführt.

Heutzutage werden die ersten Segelerfahrungen häufig nicht mehr auf einer kleinen kippeligen Jolle, sondern oft als Mitsegler auf einer größeren Yacht gemacht. Nach der Lektüre dieses Buches werden Sie das Seglerchinesisch des Skippers zu entschlüsseln wissen und hier und da an Bord sofort mit anpacken können. Die Grundlagen der Segeltechnik werden im Folgenden hinreichend umfassend, aber dennoch kurz und einprägsam beschrieben. Schon nach wenigen Stunden werden Sie all das im Kopf haben, was ein Newcomer an Bord wissen muss, um nicht gleich am ersten Tag vom Skipper wegen mangelnder Bordtauglichkeit ins Meer geworfen zu werden. Sie werden nicht ratlos mit großen Augen dastehen, wenn der Skipper ruft: „Häng doch mal den Fender an Steuerbord vor dem achteren Unterwant etwas tiefer und vergiss nicht den halben Schlag auf dem Webeleinstek!“

Grundlagen der Seemannschaft, der Segeltechnik und der Navigation werden ebenso beschrieben wie psychologische, meteorologische und rechtliche Aspekte des Segelns. Schließlich werden einige europäische und außereuropäische Segelreviere vorgestellt, so dass Sie am Ende in der Lage sein werden, ein für Sie geeignetes Segelrevier als nächstes Urlaubsziel auszuwählen.

Dem angehenden Küstensegler wünsche ich, dass er nicht nur guten Wind findet, sondern vor allem einen verständnisvollen, kompetenten Skipper und eine tolerante, humorvolle Besatzung. Denn die feinste Yacht, das interessanteste Segelrevier und der beste Wind sind nichts Wert, wenn die Bordatmosphäre im Keller ist.

Wilfried Krusekopf

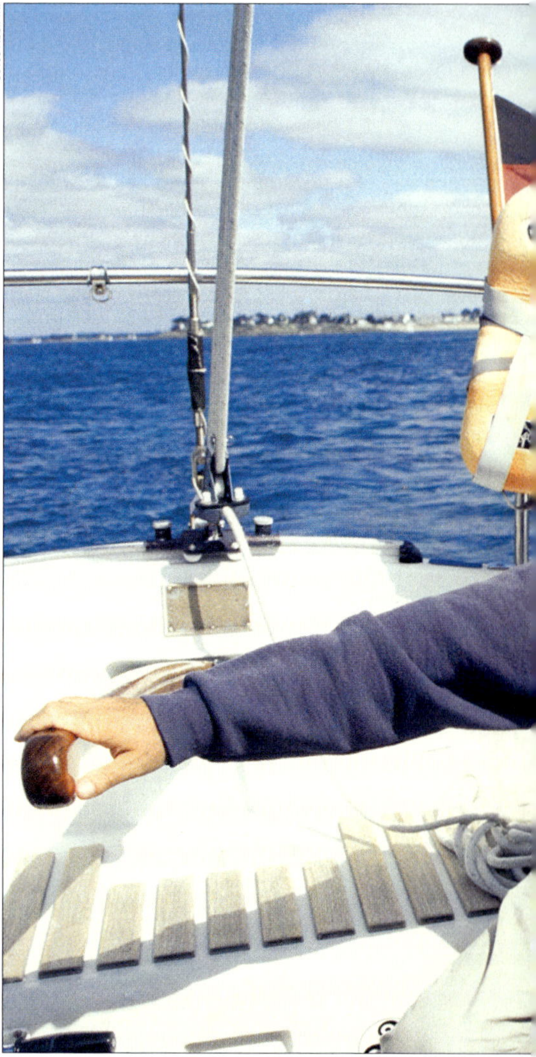

## Ich will Meer!

# Praxis des Segelns

## Wasserchinesisch für Landratten: Die Seglersprache

„Wenn der Verklicker in den achteren Sektor wandert, dann musst du abfallen!“

„Setze den Baumniederholer hart durch, wenn du platt vorm Laken bist!“

Ist das noch deutsche Sprache? Will sich da ein total versnobter Skipper durch eine hemmungslos benutzte Segelsprache von der Masse des Fußvolks absetzen? Kann man das nicht allgemein verständlich formulieren?

Der Segelsport ist in der Tat wie kaum eine andere Sportart durch ein Fachvokabular gekennzeichnet, das den Anfänger zunächst abschrecken kann. Doch bevor der Segeleleve vorschnell die Fachsprache als Snobismus abtut, sollte er sich klar machen, dass es im Segelsport tatsächlich eine Vielzahl von Geräten und Situationen gibt, die im Alltag an Land nicht auftreten, für die folglich auch kein Wort aus der Alltagssprache zur Verfügung steht. Allein schon die verschiedenen Leinen, die zur Bedienung eines kleinen Kajütsegelbootes notwendig sind, erfordern ein gutes Dutzend verschiedener Begriffe, um sie eindeutig ihrem Einsatzzweck entsprechend zu beschreiben.

Natürlich ließe sich vieles mit allgemein bekannten Worten umschreiben, aber dies würde den sprachlichen Aufwand erheblich erhöhen. Auf See muss häufig aus einer Überraschungssituation heraus schnell gehandelt werden, und dies erfordert kurze, prägnante Kommunikation, die ein Nachfragen möglichst überflüssig macht. Statt also von der dicken Leine zu sprechen, „die da vorne vom hinteren, unteren Ende des Vorsegels zurück nach hinten geht“, nennen wir sie eben kurz Fockschot.

Um dem Leser das Erlernen dieser Fachsprache zu erleichtern, sind alle im laufenden Text auftretenden Fachbegriffe neben dem Haupttext erklärt. Bei Schwierigkeiten hilft das Register. Zeichnungen oder Fotos erleichtern das Verständnis.

## Knoten

Segler lieben Knoten! Keine Sorge, wir werden hier keinen Knotenfetischismus betreiben. Zwar gibt es in der Tat mehr als ein Dutzend Knoten, die an Bord benutzt werden könnten, aber in der Praxis kommt man tatsächlich mit vier relativ leicht zu lernenden Knoten aus, dem Palstek, dem Achtknoten, dem Webeleinstek und dem Halben Schlag.

Ein Seemannsknoten sollte folgende **Eigenschaften** haben: Die Bruchlast der Leine sollte möglichst wenig geschwächt werden. (Anmerkung: Der gewöhnliche „Haushaltsknoten", der Halbe Schlag, schwächt eine Leine um 50 %.) Unter Belastung sollte er sich möglichst selbst festziehen und schließlich sollte er ohne Last – selbst im nassen Zustand – ohne extremen Kraftaufwand leicht wieder zu lösen sein.

Der **Achtknoten** wird in der Regel an das Ende einer Leine gesetzt, die durch irgendwelche Öffnungen (Augen) läuft. Er soll verhindern, dass die Leine – wie man sagt – „ausrauscht", also durch das Auge durchrutscht. Beispiel: Fockschot.

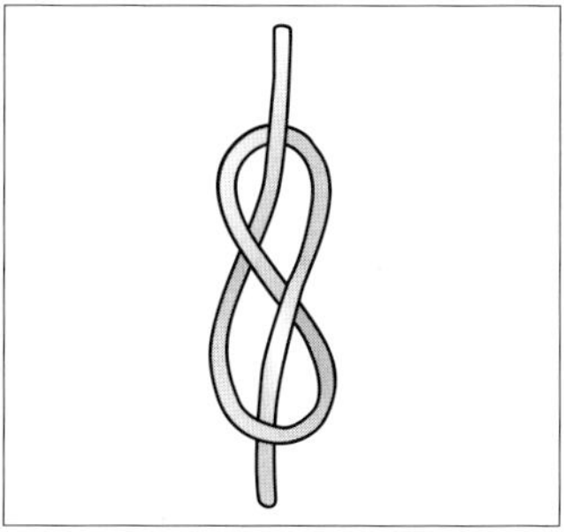

801se

▲ *Achtknoten*

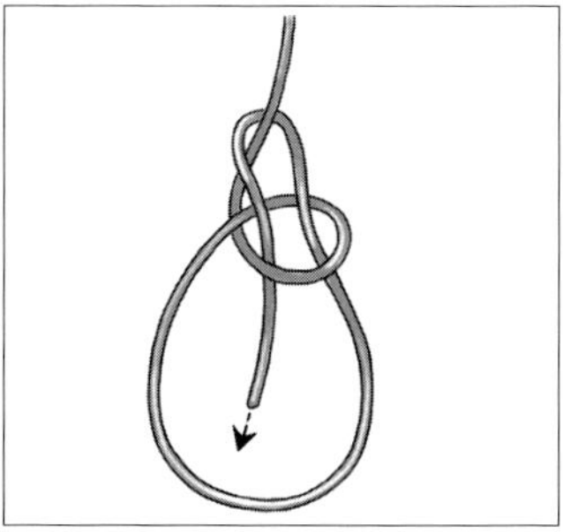

802se

▲ *Palstek*

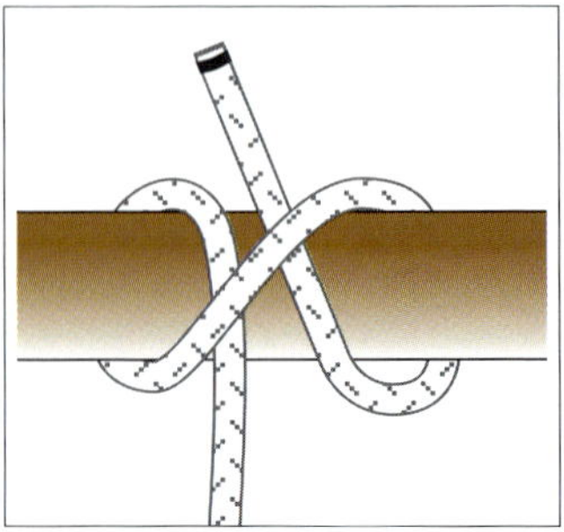

▲ *Gesteckter Webeleinstek*
▶ *Belegen eines Pollers mit Webeleinstek*

Der **Palstek,** wohl der bekannteste unter den Seglerknoten, dient dazu, in das Ende einer Leine ein festes Auge zu setzen (eine feste Schlinge zu machen). Er wird überall dort benutzt, wo der Knoten, auch ohne unter Last zu stehen, sich nicht öffnen darf. Beispiel: Festmachen an Ringen oder großen Pollern.

**Fender:** *Elastischer Plastik-Stoßdämpfer zum Schutz des Rumpfes*

Der **Webeleinstek** dient dazu, eine Leine so zu befestigen, dass sie schnell gelöst und in ihrer Länge verändert werden kann. Typische Einsatzzwecke sind das Festmachen der ↗Fender an der Seereling und das „Belegen" (Festmachen) einer Leine an einem Pfahl oder an einem Ring.

**Fallen:** *Leinen, mit denen die Segel hochgezogen werden*

Um den Webeleinstek zu sichern, d.h. zu verhindern, dass er sich ungewollt löst, wird zuletzt ein **Halber Schlag** auf die Leine gegeben. Der halbe Schlag ist nichts anderes als der allgemein bekannte Haushaltsknoten.

Zwar kein Knoten, aber eine effektive und häufig gebrauchte Methode, eine Leine zu befestigen, ist das **Belegen auf einer ↗Klampe.** Wichtig ist der so genannte **Kopfschlag** am Ende (siehe Foto rechts oben)!

**Klampe**
*Decksbeschlag aus Hartplastik oder Metall, der zum Belegen (Festmachen) einer Leine dient.*
*Einsatzzweck: Beim Festmachen des Bootes im Hafen werden die Festmacherleinen auf Klampen an Deck belegt. Auch die ↗Fallen sind auf vielen Booten auf Klampen am Mast belegt.*

027se Abb.: wk

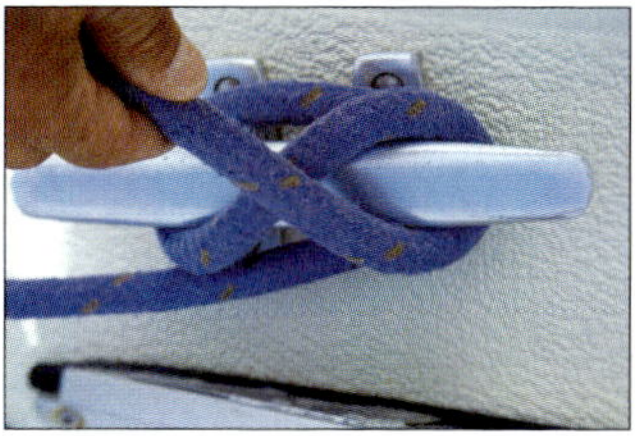

028se Abb.: wk

▲*Belegen auf einer Klampe, rechts mit Kopfschlag*

## Seeklar machen – Präventivmaßnahmen zur Chaosvermeidung

Ganz allgemein gilt, dass gutes Segeln viel Vorbereitung und vorausschauendes Handeln erfordert. Unvorhergesehenes muss weitestgehend vermieden werden. Schnell kommt es auf einem Boot zu Chaos, wenn notwendige Leinen nicht schnell genug gefunden werden, plötzlich benötigte Werkzeuge fehlen oder die Aufgabenverteilung unter der Besatzung nicht früh genug eindeutig geklärt wurde. Auf einem Boot muss alles seinen festen Platz haben.

Wenn Sie auf Ihrem Schreibtisch zu Hause nicht sofort Ihre Brille finden, ist nicht sofort Ihre Existenz gefährdet. Wenn Sie aber in dunkler Nacht vor den unbeleuchteten Ansteuerungstonnen eines kleinen Fischerhafens Ihr Fernglas nicht finden, so kann das unter schwierigen Umständen bis zum Totalverlust des Schiffes führen. Zumindest wird es Stress auslösen, und genau das wollten Sie doch eigentlich beim Segeln vermeiden.

! Sie können dem Skipper und sich selbst viel Stress ersparen, indem Sie Ihre persönlichen

**Krängung:**
*Segelboote krängen, d.h. sie legen sich je nach Kurs relativ zur Windrichtung mehr oder weniger auf die Seite.*

Sachen ebenso wie alle benutzten Dinge an Bord so legen, dass sie möglichst auch noch bei 30 Grad ↗Krängung nicht umfallen oder hin- und herrutschen. Die gedankenlos weggelegte Rolle Toilettenpapier wird sich auf See garantiert drei Meter weit abrollen, und die nicht gut verschlossene Wasserflasche, die im Hafen noch brav neben Ihrer Koje stand, wird sich mit Sicherheit auf See über Ihrem Schlafsack entleeren.

**Reffen:**
*Verkleinern der Segelfläche*

! Was die Besatzung betrifft, so hat es nichts mit Autoritätsgehabe zu tun, wenn der Skipper auf eine **klare Aufgabenverteilung** besteht. Früh genug muss geklärt sein, wer wo was wann zu tun hat. Es muss nicht jedes Detail haarklein schon im Hafen besprochen werden, aber es kann auch nicht auf See bei einer plötzlich einfallenden Böe stundenlang diskutiert werden, wer denn nun der bessere Rudergänger ist, wenn zwei Besatzungsmitglieder gebraucht werden, die zum ↗Reffen des Großsegels an Deck müssen.

▶ **Pantry:**
*An Bord wird die Küche Pantry genannt. Meist ist es kein geschlossener Raum, sondern eine nahe am Niedergang eingebaute Kochecke mit Herd, Spüle und Stauraum für Lebensmittel.*

029se Abb: wk

122se Abb.: wk

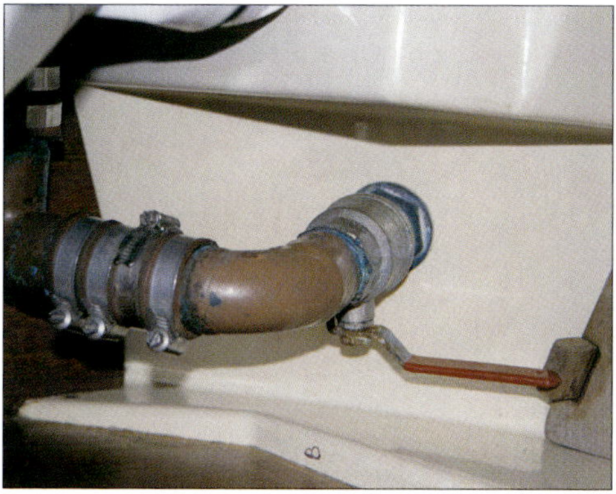

**Seeventile:** *Absperrvorrichtungen für Schläuche, die zum An- oder Abpumpen von Wasser oder Fäkalien an einen Stutzen in der Bordwand, meist unter Wasser, angeschlossen sind.*



Folgende Punkte können vor dem Ablegen schon von der Besatzung gecheckt werden:

- Ist die ↗Pantry aufgeräumt?
- Ist die Toilette abgepumpt?
- Sind die ↗Seeventile von Toilette und Waschbecken geschlossen?
- Hat der Rumpf Seitenfenster, die geöffnet werden können und die bei Krängung Wasser ins Schiff eindringen lassen könnten?
- Sind alle persönlichen Sachen so gestaut, dass sie auch bei Krängung an ihrem Platz bleiben?
- Ist die persönliche Rettungsweste und der ↗Lifebelt schnell genug erreichbar?
- Ist das Beiboot so gestaut, dass es weder beim Ablegen noch auf See stören kann?

**Lifebelt:** *Persönliche Sicherungsleine*

Darüber hinaus hat vor allem der Skipper vieles zu bedenken, was hier nur angerissen werden soll: Motorzustand, Segel, Sicherheitsausrüstung, Navigationsausrüstung, Seekarten, Wasser, Diesel, Lebensmittel, Werkzeug, Medikamente, Ersatzteile u.v.m.

030se Abb.: wk

Yacht am Steg längsseits, mit vier Leinen festgemacht

# An- und Ablegen

## Die ersten Manöver

Gerade für unerfahrene Besatzungsmitglieder kann das An- und Ablegen im Hafen eine echte Stresssituation hervorrufen, denn sie möchten gerne helfen, wissen aber häufig nicht wie. Manchmal ist der Skipper selbst schuld am verpatzten Hafenmanöver wenn er keine klaren Anweisungen gibt, unverständlich formuliert oder selbst Fehler am Ruder macht. Falls Ihr Skipper nicht klar sagt, was zu tun ist, so bitten Sie ihn früh genug um Anweisungen.

**Päckchen:** *Im Päckchen liegen bedeutet, dass zwei oder mehr Yachten längsseits nebeneinander festgemacht haben.*

Im Folgenden werden wir nicht sämtliche Varianten von **Hafenmanövern** am Steg in der Box oder im ↗Päckchen unter Einfluss von Wind und Strom darstellen. Die Vorbereitung darauf ist Sache des Skippers und würde ein eigenes Buch füllen können. Sie als Crew sollten folgendes wissen:

**Steuerbordseite** ist die zum Bug schauend rechte Seite des Schiffs, **Backbord** die linke Seite. Diese Bezeichnungen ändern sich nicht, wenn das Schiff rückwärts fährt! Und genau dies macht den Unterschied zu rechts und links aus! Eselsbrücke: Steuerbord und rechts haben beide ein r.

## Ablegen

033se Abb.: wk

Beim Ablegen geht es darum, den Liegeplatz zügig, aber ohne Hektik, und vor allem ohne Kollision mit anderen Booten zu verlassen. Genügend viele ↗Fender müssen so ausgebracht sein, dass sie bei einer eventuellen Berührung mit anderen Booten Schäden am Rumpf vermeiden. Also die Fender nicht zu tief hängen!

Sofern genügend Besatzung zur Verfügung steht, sollte eine Person am Bug, eine andere mittschiffs und eine dritte am Heck stehen. Sie sollen bei Bedarf eine Leine annehmen, einen Fender setzen oder (sofern die Yacht nicht zu groß ist, sagen wir unter 9 m Länge) mit Armen oder Beinen drückend eine Kollision mit anderen Yachten zu verhindern.

**Fender**
*Mit Luft gefüllte, elastische „Plastikbirnen" oder „Plastikwürste", die überall dort über die Bordwand gehängt werden, wo das Boot mit dem Steg oder anderen Booten scheuern könnte.*

! Aber Vorsicht! Leicht unterschätzt man die auftretenden Kräfte. So mancher Fuß wurde schon zwischen zwei Yachten im Hafen eingequetscht.

Hafenmanöver werden heutzutage aufgrund der Enge meist unter Motor gefahren, vielerorts ist es sogar so vorgeschrieben. In der Regel gibt der Rudergänger die Anweisungen zum **Loswerfen der Leinen.** Keinesfalls werden irgendwelche Leinen losgeworfen, bevor dazu eine Anweisung gegeben wurde. Nur perfekt eingespielte Crews schaffen es,

805se Abb.: tb

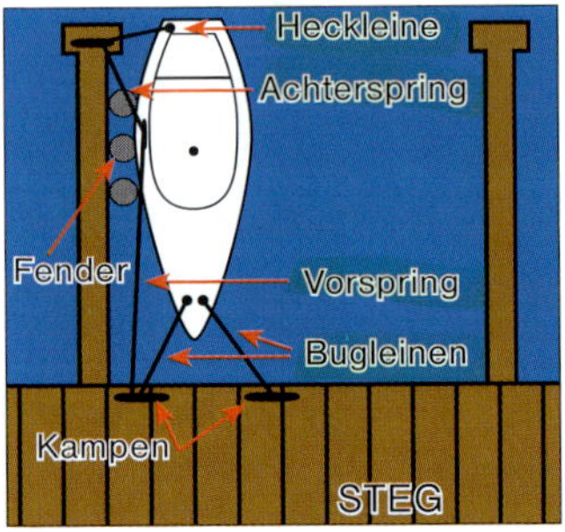


*Festmacheleinen in der Box*

806se Abb.: tb

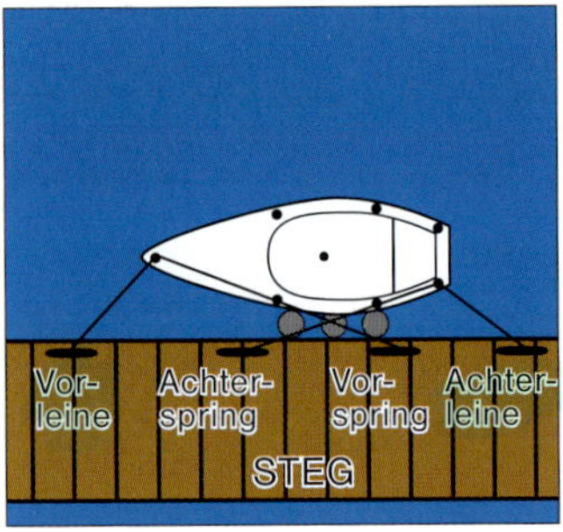


*Festmacheleinen am Steg*

807se Abb.: tb

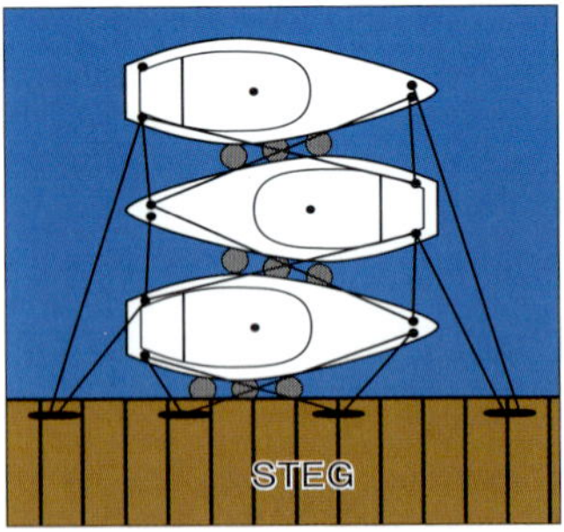


*Festmachen im Päckchen*

Hafenmanöver ohne sprachliche Kommunikation problemlos zu fahren. Probleme entstehen bei unerfahrenen Crews oft schon allein dadurch, dass die Begriffe „Vorleine" und „Vorspring" sowie „Achterleine" und „Achterspring" verwechselt werden (siehe Zeichnung). Denken Sie beim An- und Ablegen daran, dass auflandiger Wind oder ungünstige Strömung – z.B. in Flusshäfen – das Boot so sehr beeinflussen können, dass die Ruderwirkung deutlich eingeschränkt ist.

## Anlegen

Wichtig ist, dass schon deutlich vor dem eigentlichen Anlegemanöver alle Leinen und Fender klar einsatzbereit sind, d.h. Fender vorsichtshalber auf beiden Seiten des Bootes vorbereitet, Vor- und Achterleinen mit einem Ende an den Klampen angeschlagen (z.B. mit Palstek), durch die Lippklampen geführt und sauber aufgewickelt an Deck gelegt (an Bord sagt man, die Leinen sind „aufgeschossen").

Die Crew muss früh genug vom Skipper darüber informiert werden, welcher Liegeplatz wie angesteuert wird, wer die Bugleine(n), wer die Heckleine(n) bedient. Vor- und Achterspring werden in der Regel erst ausgebracht, wenn das Boot schon an seinem Liegeplatz festgemacht hat.

Beim Anlegen längsseits am Steg oder im Päckchen sollten die Leute für Vor- und Heckleine nicht am Bug oder Heck stehen, sondern mit der aufgeschossenen Leine in der Hand etwa zur Mitte des Schiffes gehen, um dort an der breitesten Stelle des Rumpfes schneller mit einem Schritt auf den Steg oder das Nachbarschiff springen zu können.

Die Leinen sollten möglichst so lang sein, dass sie nach dem Belegen auf dem Steg oder dem Nachbarschiff wieder zurück auf die Klampen an Deck des eigenen Bootes geführt werden können. Man nennt dies „auf Slip legen“. Das spätere Ablegen wird so erleichtert und es wird vermieden, dass die nicht benötigte Restlänge der Leine als Wuling auf dem Steg oder dem Nachbarboot liegen bleibt. (Eine Wuling ist ein chaotisches Leinendurcheinander.)

Nach dem Anlegen werden Vor- und Achterspring ausgebracht, um zu vermeiden, dass das Boot sich allzu sehr vor und zurück bewegen kann.

031se Abb.: wk

▲ *Mit zwei Bugleinen in der Box*

034se Abb.: wk

▲ *Bugleine, durch Lippklampe geführt*

206se Abb.: wk

▲ *Belegte Festmacherklampe*

▶ *Rigg mit stehendem Gut*

▶▶ *Bezeichnungen am Rigg einer Yacht*

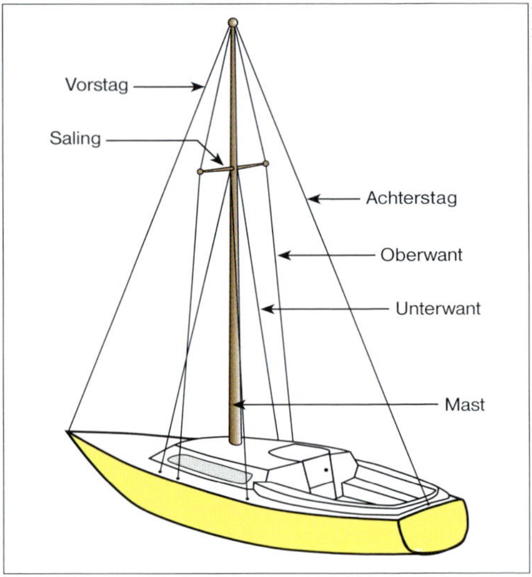


809se Abb.: tb

Rigg = alles Segel Leinen = [illegible] Mast ...

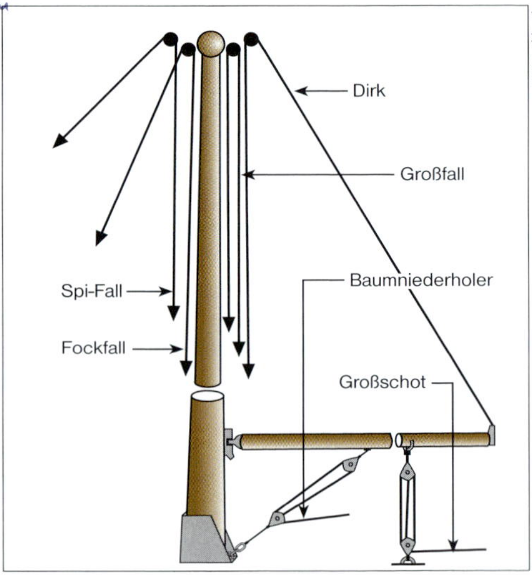


810se Abb.: tb

▶ *Rigg mit laufendem Gut*

808se Abb.: tb

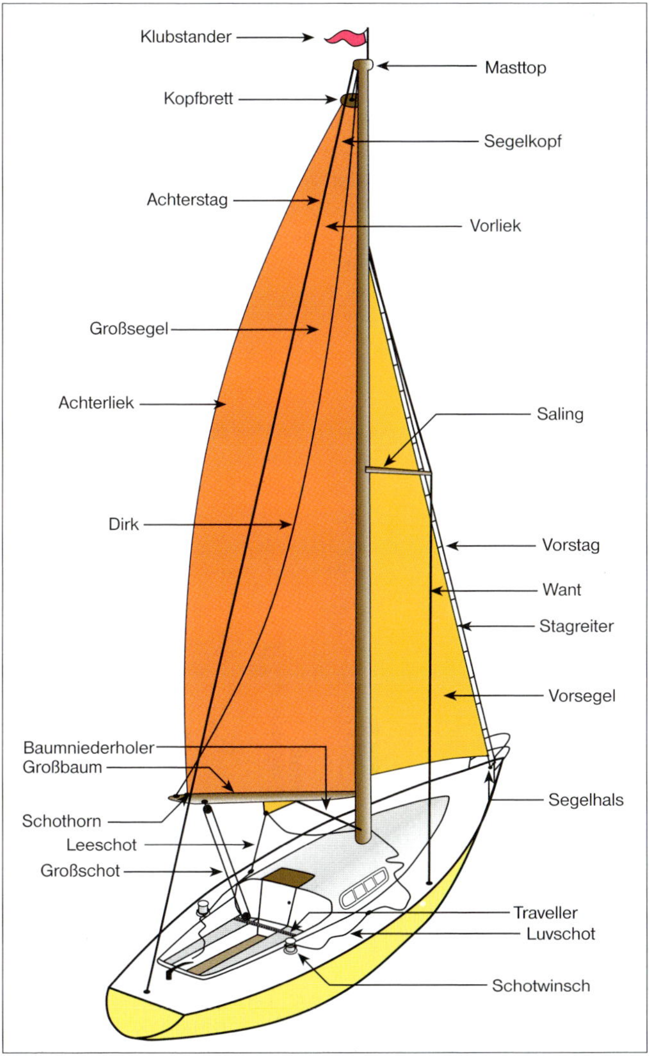
Klubstander
Masttop
Kopfbrett
Segelkopf
Achterstag
Vorliek
Großsegel
Achterliek
Saling
Dirk
Vorstag
Want
Stagreiter
Vorsegel
Baumniederholer
Großbaum
Segelhals
Schothorn
Leeschot
Großschot
Traveller
Luvschot
Schotwinsch

# Segel setzen

**Vorstag:** *Stahlseil vom Bug zur Mastspitze*

**Vorliek:** *Vorderkante des Segels in Fahrtrichtung*

Egal, ob Sie eine Charteryacht übernehmen oder ob Sie auf der Yacht eines Freundes eingeladen sind, die Segel sind in den meisten Fällen schon „angeschlagen“, d.h. das Großsegel (auch kurz Groß genannt) befindet sich „aufgetucht“ (sauber zusammengelegt) am Baum und das Vorsegel ist entlang des ↗Vorstags eingerollt.

**Plicht**

*Auch Cockpit genannt. Der Bereich an Deck, wo sich die Besatzung in der Regel während des Segeltörns draußen aufhält. Man sitzt meist in der Nähe der Steuersäule oder der Ruderpinne auf so genannten Plichtbänken.*

Auf See wird zuerst in der Regel das **Großsegel gesetzt.** Das Boot muss dazu „in den Wind schießen“, d.h. der Rudergänger muss den Bug in den Wind richten. Nur so können die Rutscher am ↗Vorliek des Segels ohne viel Reibung in der Mastnut hinaufgleiten. Das Segel wird am sog. Großfall hinaufgezogen oder „vorgeheißt“, wie man als Segler sagt. Das Fall ist mit dem einen Ende am Kopfbrett des Großsegels mit einem Schnapp-

*▼ Begriffe am Vorsegel*

*▶ Begriffe am Großsegel*

822se Abb.: tb

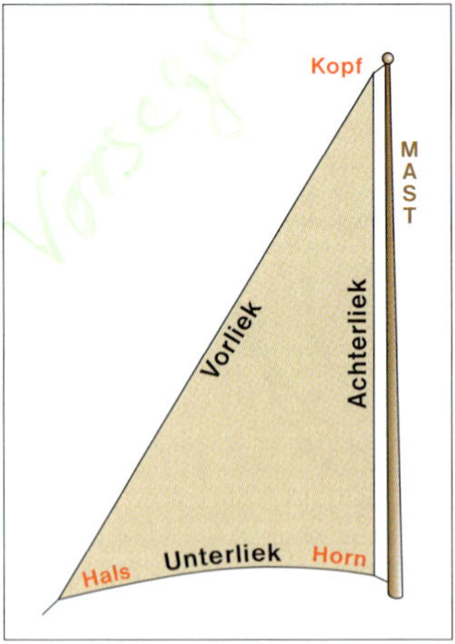


821se Abb.: tb

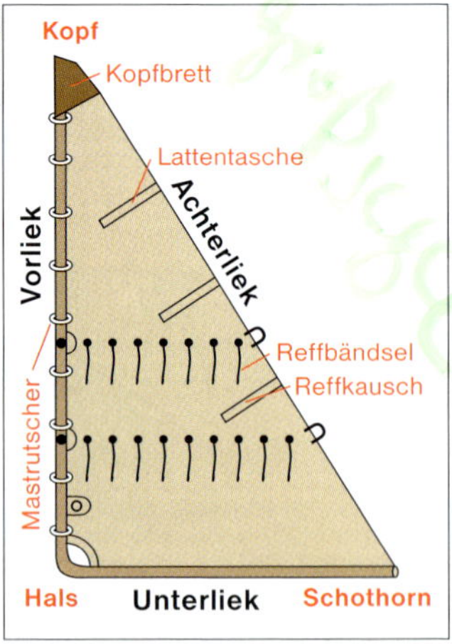

schäkel angeschlagen und wird am anderen Ende je nach Bootstyp am Mast an einer Klampe belegt oder über Umlenkblöcke zurück in die ↗Plicht geführt.

Dort wird es über eine Fallwinsch dichtgeholt und dann auf einem Stopper oder auf einer Klampe festgemacht. Sie als Deckshand haben vielleicht die Aufgabe, das Segel „vorzuheißen" (zu setzen). Lösen Sie das untere Ende des Falls und holen Sie Hand über Hand ziehend so viel Leine wie möglich durch, bevor Sie die ↗Winsch benutzen. Erst wenn Ihre direkte Muskelkraft nicht mehr ausreicht, das Segel weiter hochzuziehen, legen Sie drei oder vier Törns – bei allen Winschen immer im Uhrzeigersinn! – um die Trommel, setzen die Winschkurbel an und beginnen unter Ausnutzung des Hebelarmes das Fall hart durchzusetzen. Bei viel Wind muss das Fall besonders hart, bei wenig Wind nicht ganz so hart durchgesetzt werden, denn die Fallspannung beeinflusst den optimalen Stand (das Profil) der Segel.

**Winsch:**
*Eine metallene Seiltrommel, die mittels eines Drehhebels und unterstützt durch ein eingebautes Getriebe das Einholen einer Leine unter Last erleichtert.*

▼ *Großfallwinsch am Mast mit Fall auf Klampe belegt*

◄ *Großfall-Schnappschäkel am Kopf des Groß*

040se Abb: wk

041se Abb: wk

Steht das Groß, so kann der Rudergänger etwas **„abfallen"**, d.h. den Kurs so ändern, dass der Winkel zwischen Kielrichtung und Windrichtung größer wird. Allerdings sollte er zum **Setzen des Vorsegels** nur so weit abfallen, dass der Wind noch schräg von vorn kommt (das Boot ist am Wind, s.a. Kap. „Kurse zum Wind"), denn dies erleichtert das Ausrollen.

205se Abb: wk

▲ Rollfock

**Rollanlagen**

*Früher wurden **Vorsegel** auf Yachten, so wie auf Jollen, mit sog. Stagreitern am Vorstag angeschlagen, heute findet man auf mehr als 95 % aller Yachten Rolleinrichtungen für die Vorsegel. Sie erleichtern nicht nur das Bergen des Segels durch Aufrollen, sondern machen es auch möglich, die Vorsegelfläche der Windstärke entsprechend zu verkleinern. Man spricht dabei vom „Reffen". Auch bei den Großsegeln sieht man in letzter Zeit immer mehr Rollanlagen, wenngleich sie noch die Ausnahme darstellen.*

*Man unterscheidet senkrechte Rollanlagen im Mast oder entlang des Masts und waagerechte Anlagen, bei denen das Segel in den Baum eingerollt wird. Zweifellos verbessern solche Rollanlagen - sofern sie funktionieren und beim Einrollen nicht klemmen - den Bedienkomfort, aber sie verschlechtern gleichzeitig die Antriebskraft des Segels. Bei gleicher Masthöhe muss das Groß systembedingt kleiner sein als ein klassisches Groß ohne Rolleinrichtung. Weil es in der Regel keine Segellatten hat (sie würden beim Einrollen Probleme verursachen), muss das Achterliek konkav geschnitten sein.*

▼ Rollanlage für das Großsegel im eingerollten Zustand

044se Abb: wk

# Segel bergen

Das **Vorsegel** macht in der Regel die wenigste Arbeit. Es wird einfach um das Vorstag herum mit einer Leine eingerollt, die entlang der Seereling in die Plicht geführt ist. Ältere Rollanlagen klemmen manchmal, doch ist dies die Ausnahme. Um das Einrollen zu ermöglichen, muss durch ↗Fieren der Schoten der Winddruck aus dem Segel genommen werden.

**Seereling**
*Auch scherzhaft Seezaun genannt. Besteht aus Stützen und Stahlseilen (eben wie ein Zaun) außen um das Deck herum und soll verhindern, dass ein Besatzungsmitglied außenbords fällt.*

Das **Bergen des Großsegels** geschieht in der Regel folgendermaßen: Der Rudergänger bringt das Boot mit dem Bug in den Wind, lässt aber ein wenig lose auf der Großschot. Man nennt dies „in den Wind schießen". Die Besatzung an Deck setzt die ↗Dirk hart durch und stabilisiert so den Baum mit dem Großsegel mittschiffs. Nun wird das Großfall von einem Besatzungsmitglied am Mast oder – falls es bis in die Plicht zurückgeführt ist – vom Rudergänger losgeworfen, so dass das Großsegel in sich über dem Baum zusammenfällt.

Manche Yachten sind mit einem **Auffangsystem** aus Leinen zwischen Mast und Baum ausgerüstet (genannt Lazyjacks), um das Zusammenfalten des Tuches zu erleichtern.

Doch es geht auch **ohne Lazyjacks:** Zwei Crewmitglieder stehen an den Baum gelehnt an Deck und legen das Tuch des Großsegels entweder zickzackartig über dem Baum zusammen, oder sie bilden aus dem losen Tuch eine Art Tasche längs des Baums, in der sie das restliche Tuch zusammenstecken. Um zu verhindern, dass das Tuch wieder auseinanderfällt, werden so genannte ↗Zeisinge benutzt, die um den Baum und das „aufgetuchte" Segel herumgebunden werden.

**Fieren:**
*lose geben*

**Dirk:**
*Leine, die – ausgehend vom hinteren Ende des Baums – zum Masttop läuft und im oder am Mast zum Mastfuß hinunter geleitet ist, wo sie auf einer Klampe belegt ist. Sie wird beim Segelbergen und Reffen benötigt.*

**Zeisinge:**
*Kurze Bänder*

# Windkraft, Segelstellung, Segeltrimm, Kurse zum Wind

## Windrichtung

Die erste und wichtigste Frage lautet natürlich: Woher kommt überhaupt der Wind?

Die Windrichtung an Bord wird angezeigt im Masttop vom so genannten **Verklicker.** Auf größeren Yachten ist dies meist ein oben auf dem Mast befestigter, drehbarer Pfeil (auch Windex genannt), der sich mit seiner Spitze in Windrichtung stellt. Manchmal sieht man auf kleineren Booten auch Windfähnchen, die flatternd die Richtung (allerdings nur ungenau) anzeigen.

047se Abb.:wk

▲ *Verklicker und UKW-Antenne im Masttop*

## Antriebskräfte

Wie entsteht nun der Antrieb einer Segelyacht? Wie kann ein Segelboot gegen den Wind segeln?

Dass ein Segelboot mit dem Wind von achtern vom Winddruck angetrieben wird, ist nicht weiter erstaunlich. Das Segel wirkt lediglich als Widerstandsfläche im Wind. Man sagt, das Boot segelt **„vor dem Wind“,** auch „platt vor dem Laken“ genannt.

Grundsätzlich anders liegen die Verhältnisse, wenn der Wind rechtwinklig von der Seite kommt, genannt **halber Wind,** oder wenn er schräg von vorne kommt, genannt **hoch am Wind.**

Ein Segel ist nicht einfach ein dreieckiges, ebenes Stück Tuch. Vielmehr wird aus mehreren Tuchbahnen mit technisch optimiertem Schnitt ein Profilkörper zusammengenäht, der eher einem Tragflügel vergleichbar ist als einer Ebene (siehe Zeichnung). Wenn das Segel optimal vom Wind leicht schräg angeströmt wird, so strömt die Luft ohne Verwirbelungen auf beiden Seiten des Segels entlang. Man spricht von **laminarer Strömung.** Allerdings sind die Druckverhältnisse auf den beiden Seiten unterschiedlich:

Auf der **Luvseite** (Wind zugewandt) herrscht höherer Luftdruck, auf der **Leeseite** (Wind abgewandt) geringerer. Aus dieser Druckdifferenz resultiert eine Kraft, die quer zum Segel wirkt. Die Größe dieser Kraft ist abhängig von Segelfläche, Segelprofilierung und Windgeschwindigkeit. Diese Gesamtkraft lässt sich nun zerlegt in zwei Teilkräfte denken (siehe Zeichnung), eine quer zur Kielrichtung wirkende Kraft, die die Krängung des Bootes verursacht und eine nach vorn in Kielrichtung wirkende Kraft, die das

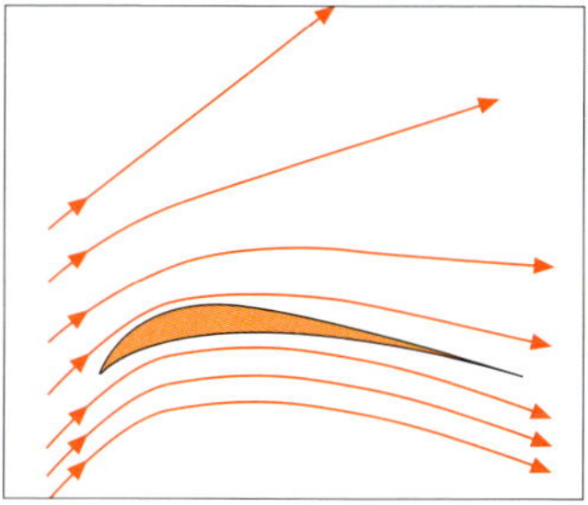


▲ *Segel als Profil hoch am Wind*

▼ *Laminare Luftströmung an Fock und Großsegel. Es entstehen keine Luftwirbel sofern Fock und Groß passend zueinander getrimmt sind*

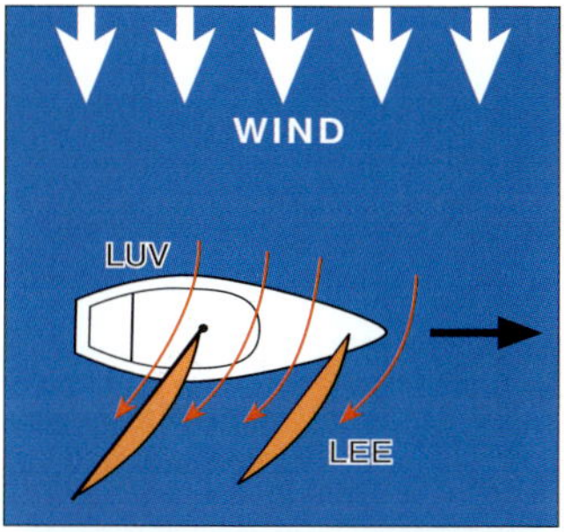


**Kräftezerlegung am Segel**

*$V_1$ = Kraftvektor im Segel, durch Winddruck erzeugt*

*$V_2$ = Vortriebsvektor, beschleunigt das Boot*

*$V_3$ = Krängungsvektor, neigt das Boot zur Seite*

*$V_1$ setzt sich zusammen aus $V_2$ und $V_3$*

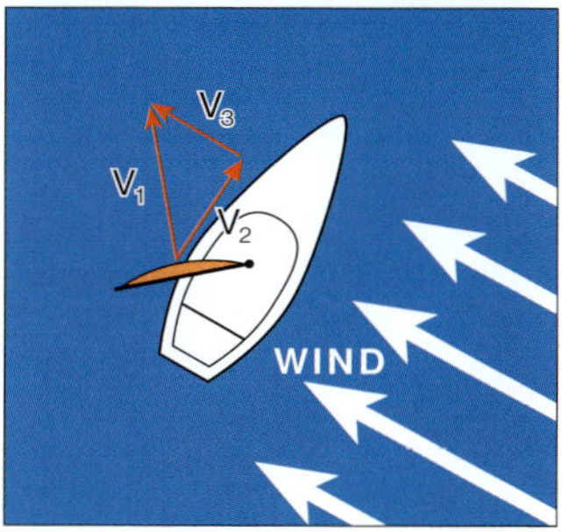

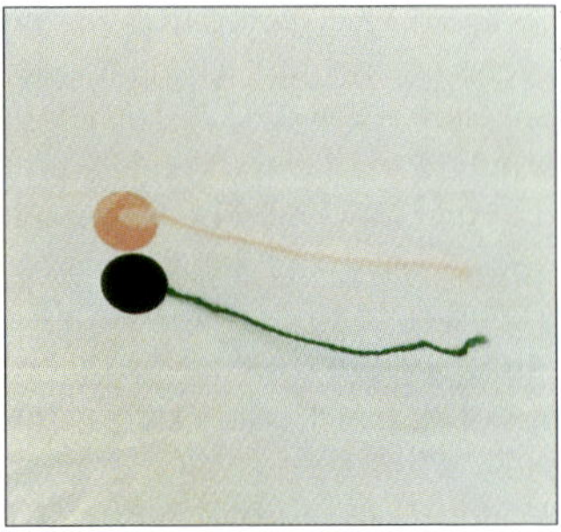


**Segeltrimm mit Telltails prüfen**
*Um die optimale Stellung der Segel zum Wind zu überprüfen, werden häufig entlang des Vorlieks beidseitig kleine Baumwollfädchen mit einem Ende auf das Tuch geklebt (so genannte Telltails), die bei gut getrimmten Segeln auf der Luv- und Leeseite im Wind etwa waagerecht am Tuch anliegen müssen.*

Boot antreibt. Es liegt auf der Hand, dass der Segler durch Optimierung der Segelstellung und der Profilierung bemüht ist, die Querkraft gering zu halten um die Vortriebskraft möglichst zu maximieren. Man nennt dies den **Segeltrimm.**

## Kurse zum Wind

Der optimale Segeltrimm ist insbesondere abhängig von den verschiedenen Kursen relativ zum Wind.

### Am-Wind-Kurs

Beim Am-Wind-Kurs (siehe Zeichnung) segelt das Boot in einem Winkel von ca. 30-50 Grad schräg gegen den Wind. Man spricht auch von „Höhe laufen“. Dazu ist es notwendig, dass die Schoten von Großsegel und Vorsegel dichtgeholt werden, also die Segel nicht weit ausgestellt sind, sondern dicht anliegen.

*▼ Am-Wind-Kurs, Schoten sind dichtgeholt*

Wenn das Boot besonders gut Höhe läuft, so wird damit gesagt, dass der Winkel zwischen Kielrichtung und Windrichtung besonders günstig, also klein ist. High-Tech-Rennyachten erreichen Winkel von bis zu 25 Grad, während Fahrtenyachten eher bei 45 Grad optimal hoch am Wind segeln.

Direkt gegen den Wind zu segeln, ist systembedingt nicht möglich, folglich muss ein Ziel, dass direkt in Luv, also direkt in Windrichtung voraus liegt, durch einen Zick-Zack-Kurs angesteuert werden. Man nennt dies **Kreuzen.** Ein weit verbreiteter Fehler des Rudergängers besteht darin, beim Kreuzen zu viel Höhe zu laufen (man spricht auch von „Höhe kneifen"), d.h. das Boot wird auf einem zu kleinen Winkel zwischen Kiel- und Windrichtung gesegelt. Dadurch ist die Luftströmung an den Segeln nicht mehr laminar. Es kommt zu leistungsmindernden Verwirbelungen, das Boot wird langsamer. Die Kunst des Steuerns hoch am Wind besteht darin, einen Winkel zum Wind zu finden, bei dem einerseits die Bootsgeschwindigkeit (auch einfach „Fahrt" genannt) möglichst hoch bleibt, bei dem aber andererseits die gesamte Wegstrecke auf dem Kreuzkurs zum Ziel sich nicht allzu sehr durch einen zu großen Winkel zum Wind verlängert.

Beim übertriebenen ↗Anluven wird die Fahrt des Bootes so sehr verlangsamt, dass der Vorteil des geringeren Weges „auf der Kreuz" zum Ziel nicht nur wettgemacht wird, sondern die Gesamtsegelzeit schließlich größer wird. Beim übertriebenen ↗Abfallen ist es umgekehrt: Zwar wächst die Bootsgeschwindigkeit, aber dieser Zuwachs kann den Zeit-

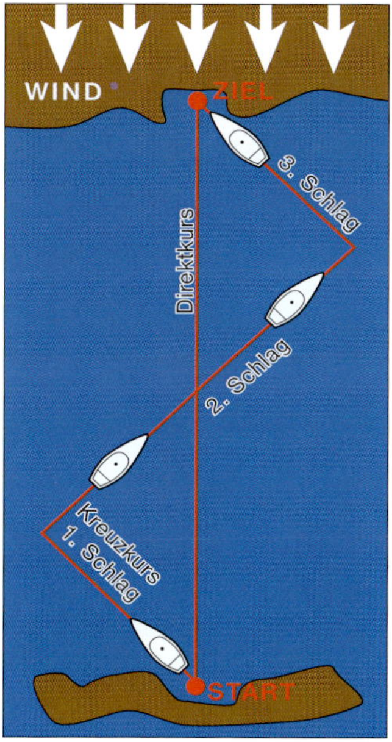




▲ *Kreuzen. Mit drei Kreuzschlägen zum Ziel*

**Anluven:** *Der Winkel zum Wind wird verkleinert (hin zum Wind).*

**Abfallen:** *Der Winkel zum Wind wird vergrößert (weg vom Wind).*

816se Abb.: tb

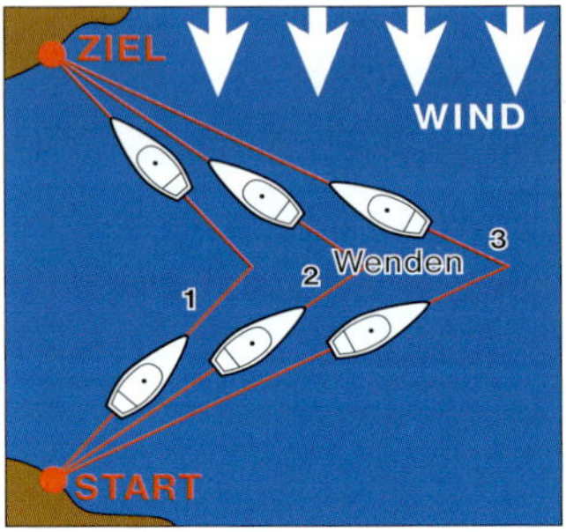


**Kreuzkurse**

1. *gute Höhe (40° am Wind): geringer Weg, aber wenig Fahrt.*
2. *mittlere Höhe (45° am Wind): längerer Weg, aber mehr Fahrt*
3. *schlechte Höhe (50° am Wind): noch längerer Weg, aber viel Fahrt*

verlust nicht ausgleichen, der durch die Gesamtstreckenverlängerung hervorgerufen wird.

## Halbwind-Kurs

Der Halbwind-Kurs ist ein relativ leicht zu segelnder Kurs mit dem Wind quer zum Rumpf, also etwa rechtwinklig zur Kielrichtung. Die Segel werden dabei soweit ausgestellt („die Schoten werden gefiert"), bis der optimale Anströmwinkel von etwa 15-20 Grad zwischen Wind und Segelfläche erreicht ist. Der Großbaum steht also etwa 70 Grad ausgestellt. Ein häufiger Fehler auf Halbwind-Kurs ist ein zu dicht gefahrener Großbaum, z.B. etwa 50 Grad statt 70 Grad Ausstellwinkel. Zwar segelt das Boot

▶ *Raumschotskurs*

▼ *Halber Wind, Schoten gefiert*

817se Abb.: tb

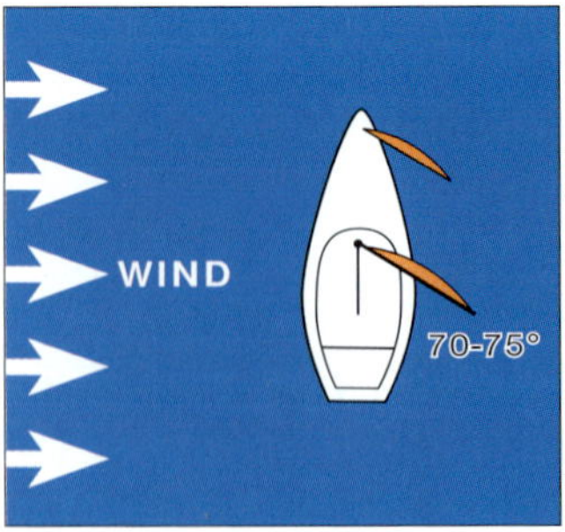


818se Abb.: tb

auch dann noch einigermaßen akzeptabel, aber die maximal mögliche Fahrt wird nicht erreicht. Schnell verliert man 1-2 Knoten Fahrt durch zu dicht gefahrene Segel.

**Optimale Segelstellung**

*Die optimale Segelstellung für Groß und Fock erreicht man auf folgende Weise: Schoten fieren (lose geben) bis das Vorliek gerade ein wenig zu flattern beginnt, man spricht von „killendem Vorliek". Dann die Schoten wieder soweit dichtholen bis das Killen (Segelflattern) verschwindet. Auch die Telltails müssten dann in Luv und in Lee etwa waagerecht parallel verlaufen.*

## Raumschots-Kurs

Fällt der Wind schräg von achtern ein, so spricht man von raumem Wind oder einem Raumschots-Kurs. Die Segel müssen noch weiter aufgestellt, die Schoten noch mehr gefiert werden. Bei diesem Windeinfallswinkel können die Segel allerdings nicht mehr als Profil laminar angeströmt werden, sie wirken nur noch als Widerstandsfläche im Wind. Folglich gilt es, diese Fläche möglichst wirksam in den Wind zu stellen. Erreicht wird dies durch angenähertes senkrecht Stehen des Baums zur Windrichtung und entsprechende Vorsegelstellung. Die Telltails verlieren auf diesem Kurs ihre Bedeutung.

## Vormwind-Kurs

Schließlich ist noch der Vormwind-Kurs zu beschreiben: Dabei handelt es sich um einen Kurs, bei dem der Wind direkt von achtern kommt. Hinsichtlich der Kraftentwicklung im Segel gilt dasselbe wie beim Raumschots-Kurs. Auch hier fungiert das Segel nicht als Profil, sondern als Fläche, die Luftwiderstand bietet. Problematisch wird dieser Kurs dadurch, dass der Baum eigentlich 90 Grad aufgefiert werden müsste. Dies ist aber im Allgemeinen nicht möglich, weil die achteren ↗Unter-

▼ *Vormwind-Kurs. Das weit gefierte Groß liegt am achternen Unterwant an.*

819se Abb.: tb

wanten im Weg stehen. Also wird der Baum nur soweit aufgefiert, bis er knapp vor den ↗Wanten steht. Es entsteht eine weitere unerwünschte Konsequenz: Das Tuch des Großsegels liegt an den Wanten und der ↗Saling an und scheuert sich folglich im Laufe der Zeit durch. Ob der Begriff **„Schamfielen"** für dieses Scheuern etwas mit der Scham zu tun hat, die der Skipper empfinden sollte, nachdem das Tuch durchgescheuert wurde, mag der Leser selbst entscheiden.

**Wanten**
*Stahlseile, beidseitig um den Mast herum angebracht, die den Mast in seiner Senkrechtstellung halten. Es gibt Oberwanten, die bis zum oberen Ende des Masts gehen und Unterwanten, die den Mast auf halber Höhe abspannen.*

**Saling**
*Querstrebe in etwa halber Masthöhe zur Mastabstützung.*

Zu alledem kommt beim Vormwind-Kurs ein weiteres Problem hinzu: Steht das Vorsegel auf derselben Seite wie das Groß, so kann es nicht mehr als Fläche im Wind wirken, es wird durch das Groß abgedeckt. Folglich muss es auf die gegenüberliegende Seite geholt werden. Diese Segelstellung trägt den Namen **Schmetterling.**

Um nun aber das Vorsegel optimal in den Wind zu stellen, benutzt man gern einen weiteren Baum. Man sagt, die **Fock wird „ausgebaumt".** Dazu ver-

049se Abb: wk

▶ *Ausgebaumte Fock auf Vormwind-Kurs*

**Spinnaker:** *Großes, meist mehrfarbiges, aus leichtem Nylontuch geschnittenes Vorsegel, das von erfahrenen Crews gern vor dem Wind eingesetzt wird.*

bindet man das Schothorn des Vorsegels mittels einer Aluminiumstange (Baum) mit Schnappbeschlägen an beiden Enden mit einem Auge am Mast. Dieser Baum und die zugehörigen Beschläge dienen in der Regel auch zum Segeln mit ↗Spinnaker.

Bei wenig Wind und folglich wenig Seegang ist Schmetterlingssegeln eine feine Sache. Wehe aber, es baut sich Seegang auf. Dann hat der Rudergänger den schwierigsten Job an Bord. Es erfordert höchste Konzentration und eine gehörige Portion Erfahrung am Ruder, um das Boot auf Kurs zu halten. Zu schnell kann es dabei zu einer sog. **Patenthalse** kommen. Bei einer Patenthalse schlägt der Großbaum unbeabsichtigt und unkontrolliert von einer Seite auf die andere. Die Kräfte, die dabei an Bord einer Yacht auftreten, sind ausreichend, um einen schwergewichtigen Mann außenbords zu schlagen.

Bekommt ein Besatzungsmitglied bei einer Patenthalse den Baum an den Kopf, so ist die Gehirnerschütterung sicher und der tödliche Schädelbruch nicht ausgeschlossen. Darum: **Auf Vormwind-Kurs Köpfe runter!**

Bei all den genannten Problemen könnte man sagen, wir segeln grundsätzlich nicht vor dem Wind. Nun, es gibt einen kleinen Trick, mit dem zumindest die Patenthalse vermieden werden kann: Es wird ein so genannter ↗**Bullenstander gesetzt.** Belegt auf einer Klampe, verhindert der Bullenstander so das unkontrollierte Umschlagen des Großbaumes. Er kann aber andererseits schnell genug freigegeben werden, falls eine plötzliche Kursänderung notwendig wird.

**Bullenstander**
*Leine, die ausgehend vom hinteren Ende des Großbaumes nach vorn auf das Vorschiff führt und dort umgelenkt auf der gegenüberliegenden Decksseite wieder nach achtern bis in die Plicht zurückgeführt wird.*

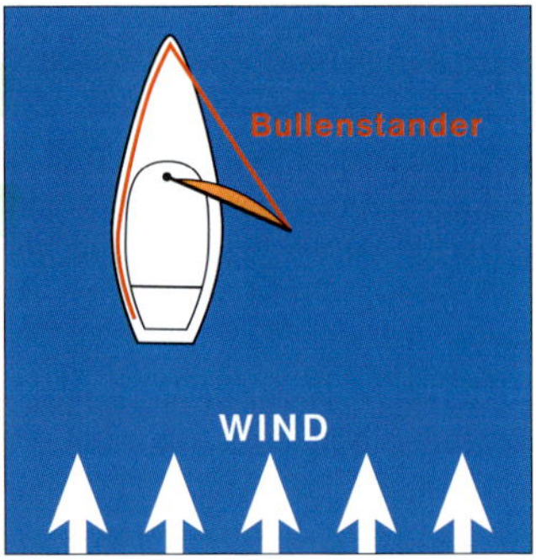


820se Abb.: tb

## Manöver unter Segeln

Bei einer Kursänderung unter Segeln kann es notwendig werden, dass das Boot mit dem Bug oder dem Heck durch den Wind geht. Daraus ergeben sich die zwei wichtigsten Segelmanöver.

Wende – Wind von vorne → Bug



## Wende

Die klassische Situation für die Wende ergibt sich beim Kreuzen. Das Boot segelt hoch am Wind, kann aber das Ziel nicht direkt „anliegen“ (ansteuern) und muss sich „zick-zack“ bewegen. Bei der Kursänderung dreht das Boot mit dem Bug durch den Wind, und die Segel werden statt von backbord nun von steuerbord angeströmt (oder umgekehrt).

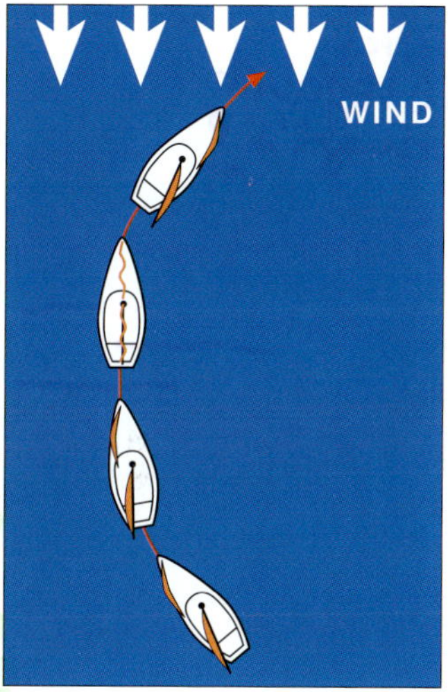


823se Abb.: tb

*▲ Änderung der Segelstellung bei der Wende*

Die **Bedienung der Schoten** in der Wende ist recht einfach: Die Großschot muss nicht berührt werden, denn das Großsegel kommt allein durch die Windkraft herüber und bleibt optimal dicht geschotet. Die Fockschoten hingegen erfordern mehr Aufmerksamkeit und werden in der Regel nicht vom Rudergänger, sondern vom sog. **Vorschoter** bedient; eine Aufgabe, die auch Ihnen als unerfahrenem Crewmitglied zufallen kann.

- Der Rudergänger ruft: „Klar zur Wende!“ und fordert damit den Vorschoter auf, die Schoten für den Kurswechsel vorzubereiten, d.h. ihre losen Enden ohne Wuling klarzulegen (Was eigentlich immer der Fall sein sollte!).
- Der Vorschoter bestätigt mit: „Ist klar!“ Der Rudergänger leitet nun die Drehung durch den Wind mit entschlossenem Ruderlegen ein, die Fockschot bleibt vorerst noch belegt auf der alten Leeseite.
- Erst wenn der Bug durch den Wind dreht, wird die alte Leeschot frei gegeben und die Schot auf der gegenüber liegenden Seite dichtgeholt. Das

Regel: Segel links Die Vorfahrt bringt's?

Dichtholen sollte möglichst so zügig geschehen, dass im Idealfall die optimale Schoteinstellung in dem Moment erreicht wird, wenn der neue Kurs hoch am Wind auf dem neuen Bug anliegt. In der Praxis gelingt dies allerdings nur schwerlich, es erfordert viel Übung und Erfahrung.

**Backbordbug und Steuerbordbug**

*Zum Sprachgebrauch: Wenn der Wind von Steuerbord kommt, der Baum also auf der Backbordseite steht, so segelt das Boot auf Backbordbug. Entsprechend lautet es Steuerbordbug, wenn der Wind den Baum nach der Steuerbordseite drückt.*

## Halse

Im Gegensatz zur Wende geht das Boot bei der Halse mit dem Heck durch den Wind. Eine Halse wird dann notwendig, wenn mit raumem Wind z.B. auf Steuerbordbug gesegelt wird und eine starke Kursänderung nach Steuerbord eingeleitet wird (entsprechend bei raumem Wind auf Backbordbug und Kursänderung nach Backbord).

Die Halse ist kein beliebtes Manöver, denn insbesondere bei kräftigerem Wind und schlechter Koordinierung zwischen der Mannschaft kann es schnell zu Schäden im ↗Rigg (oder auch an den Köpfen der Besatzung) kommen. Das Manöver läuft folgendermaßen ab:

**Rigg**

*Unter dem Rigg einer Segelyacht versteht man die gesamte Einheit zum Führen von Segeln, d.h. der Mast und der Baum mit seinen Befestigungselementen, den Wanten (Stahlseilen) und allen dazugehörigen Leinen.*

- Das Schiff segelt mit raumem Wind, folglich mit aufgefierten Schoten.
- Der Rudergänger, zuständig für die Großschot, ruft: „Klar zur Halse!".
- Der Vorschoter, zuständig für die Fockschot, klart die Schoten auf und ruft: „Ist klar!".
- Rudergänger ruft: „Hol dicht die Schoten!" und holt seinerseits die Großschot dicht, achtet aber dabei am Ruder darauf, dass das Boot noch nicht

Halse – Wind von hinten – Heck

mit dem Heck durch den Wind geht.

- Der Vorschoter holt seinerseits ebenfalls die Fockschot dicht und wartet mit dichtgeholter Schot auf die Kursänderung.
- Zunächst bringt der Rudergänger das Boot direkt vor den Wind, lässt dann das Heck zügig durch den Wind drehen und ruft: „Rund achtern!"
- Gleichzeitig fiert er die Großschot und ruft zum Vorschoter: „Fier auf die Schoten!". Auf die Fockschot wird so viel lose gegeben, bis das Vorsegel auf dem neuen Bug wieder gut steht, also optimal zieht.
- Der Rudergänger gibt auf die Großschot seinerseits so viel lose, dass der Baum auf dem neuen Kurs in etwa rechtwinklig zum Wind steht, sofern wieder mit raumem Wind gesegelt wird.

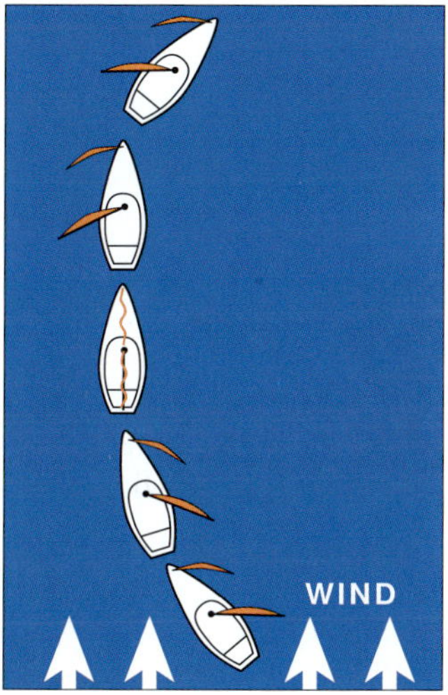

824se Abb.: tb

▲ *Änderung der Segelstellung in der Halse*



Die **Hauptgefahr** bei der Halse besteht darin, dass im Moment „rund achtern" der Großbaum unkontrolliert auf den anderen Bug schlägt. Dabei können gewaltige Kräfte mit einem Schlag in das Rigg (oder an einen Kopf) übertragen werden. Möglicherweise bricht dabei ein Want und der Mast kommt von oben.

Um dies zu vermeiden, muss vor allem die Großschot zuerst gut dichtgeholt und dann kontrolliert gefiert werden. Auf manchen Schiffen liegt allerdings die Großschot außerhalb der Reichweite des Rudergängers, so dass eine weitere Deckshand gebraucht wird. In diesem Falle sind also drei Leute für eine gut gefahrene Halse vonnöten.

## Reffen

Reffen ist je nach Bootstyp und Kurs zum Wind etwa ab 4 bis 5 Windstärken notwendig, um eine Überlastung des Riggs und auch der Mannschaft zu vermeiden. Dabei wird die Segelfläche soweit verkleinert, dass trotz hoher Windgeschwindigkeit die Gesamtwindkraft aller Segel das Boot ohne übertriebene Krängung optimal antreibt. Um wie viel die Segelfläche dabei verkleinert werden muss, ist bootstypabhängig und Erfahrungssache, somit Sache des Skippers.

051se Abb.:wk

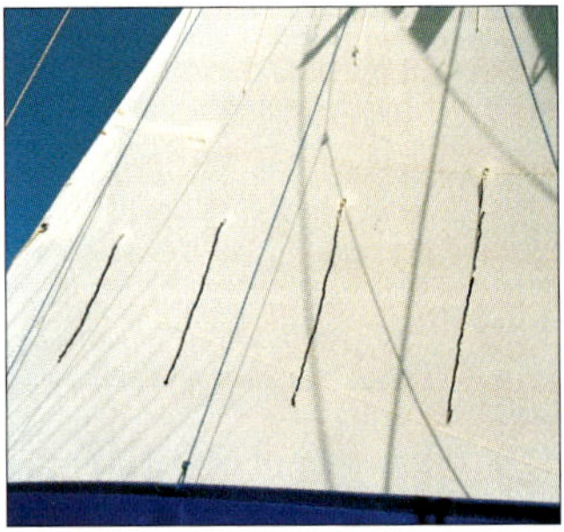

▲ *Reffleinen im Großsegel für Bindereff*

Zum Reffen des Großsegels gibt es zahlreiche verschiedene Systeme, deren vollständige Beschreibung hier zu weit führen würde. Das meistverbreitete System ist das **Bindereff.** Dabei wird das Großsegel entlang des Baumes durch Einbinden des überflüssigen Tuches mit sog. Reffbändseln verkleinert.

Der **Arbeitsablauf** des Reffens am Großsegel in Stichworten:

- Boot geht hoch an den Wind und Großschot wird dichtgeholt.
- Baum wird mittels Dirk etwas angehoben (andirken), um das Achterliek zu entlasten.
- Großfall wird losgeworfen und soweit gefiert, bis das Reffauge des 1., 2. oder 3. Reffs (je nach Wind) am Reffhaken eingepickt (eingehakt) werden kann.
- Fall mittels Fallwinsch wieder hart durchsetzen.

053se Abb.:wk

▲ *Reffhaken am Lümmelbeschlag mit Hals vom Großsegel*

- Reffleine des 1., 2. oder 3. Reffs mittels Winsch am Mast oder Winsch an Deck hart durchsetzen und mit Stopper festklemmen.
- Lose auf die Dirk geben.
- Überflüssiges Tuch mit Reffbändseln einbinden.
- Großschot auf neuen Kurs einstellen.

**Genua**
*Ein besonders großes Vorsegel. Man könnte sie auch als eine 150 % Fock bezeichnen. Sie hat wie die Fock eine dreieckige Form und ist nicht mit dem Spinnaker zu verwechseln.*

Das **Vorsegel** wird in der Regel durch teilweises Einrollen gerefft. Auch für die Vorsegelrolleinrichtung gilt, dass sie zwar die Segelbedienung erleichtert, sie aber bei zum Reffen weit eingerolltem Tuch die Leistungsmerkmale des Segels deutlich verschlechtert. Insbesondere bei Starkwind gibt es Probleme, denn eine zu drei Viertel eingerollte ↗Genua ist als Sturmsegel unbrauchbar wegen der dicken „Rollwurst“ entlang des Vorstags und wegen des Profilverlusts. Für den Fall eines Sturmes muss eine separate ↗Sturmfock möglichst an einem separaten Stag (Stahlseil) angeschlagen werden können. Die Vorbereitung dafür ist Sache des Skippers.

**Sturmfock**
*Ein separates, besonders klein und stabil gebautes Segel, das nur bei extremem Starkwind eingesetzt wird. Wegen der Rolleinrichtung des normalen Vorsegels kann die Sturmfock normalerweise nicht am üblichen Vorstag gefahren werden, sondern muss an einem dafür eigens vorgesehenen Stahlseil (Schwerwetterstag) auf dem Vorschiff gesetzt werden.*

# Ankern

## Das Ankergeschirr

Es gibt erstaunlich viele Segler, die nur ungern ankern. Sie halten es für zu risikoreich, eine mehrere Tonnen verdrängende Yacht mit ein paar Metern Kette und einem kleinen „Eisenhaken“ festzumachen ... Falsch! Vorausgesetzt, man wählt ein der

Schiffsgröße und dem Meeresgrund angemessenes Ankergeschirr, so gibt es keinen Grund zur Sorge. Allerdings muss der Skipper bei der Wahl des Ankerplatzes auch die Wetterlage und die zu erwartende Entwicklung mit berücksichtigen. Es gibt keine idyllischere Art, die Nacht zu verbringen, als in einer stillen Bucht vor Anker zu liegen. Leider sind insbesondere Charteryachten allzu häufig mit unterdimensioniertem Ankergeschirr ausgerüstet.

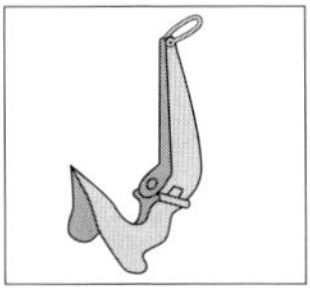

825se Abb. tb

▲ *Pflugscharanker*

Ein **komplettes Ankergeschirr** besteht aus Anker, Kette und Leine. Der Anker selbst muss vor allem im Gewicht der Schiffsgröße angepasst sein, um auch bei Starkwind noch sicheren Halt zu geben. So benötigt z.B. eine 10-m-Yacht mindestens einen 16 kg Anker, unter Sturmbedingungen sogar eher 25 kg.

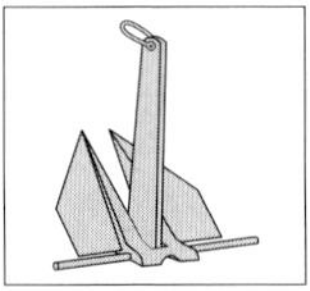

826se Abb. tb

▲ *Plattenanker*

Heutzutage haben sich so genannte **Patentanker** durchgesetzt. Solche Anker haben aufgrund ihrer Bauart hohe Haltekräfte bei relativ wenig Eigengewicht. Am häufigsten sieht man den Pflugscharanker (auch CQR-Anker genannt) und den Brittany (oder Plattenanker), die sich beide unter Last gut in weichen Boden eingraben.

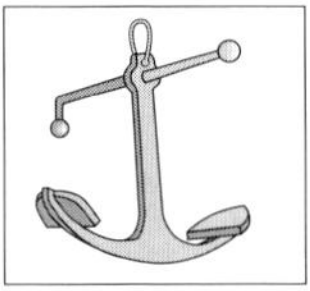

827se Abb. tb

▲ *Stockanker*

Der früher übliche **Stockanker** hat hauptsächlich den Nachteil, dass er nur bei recht hohem Gewicht wirklich hält (z.B. für eine 10-m-Yacht ca. 40 kg). Vorteile des Stockankers: In Seegras hat er eine bessere Haltekraft als der Patentanker und er ist zusammenlegbar, also gut zu stauen.

Die **Ankerkette** sollte mindestens viermal so lang wie das Schiff sein, denn sie ist es, die unter Normalbedingungen die Yacht halten soll. Das Gewicht der Kette sorgt dafür, dass auch bei Starkwind die Zugkraft der Yacht auf den Anker parallel zum Meeresboden übertragen wird und der Anker sich so gut eingraben kann. Die Kettenglieder sollten auf einer 10-m-Yacht mindestens aus 8-mm-Stahl (besser 10 mm) bestehen.

An die Kette schließt sich die **Ankerleine** ( auch Trosse genannt) an. Mindestens 30 m Länge sollten an Bord sein, um auch auf tieferem Wasser ankern zu können. Auch hier sollte nicht am Durchmesser gespart werden, denn die Ankerleine sollte auch noch im angescheuerten Zustand stark genug sein, um das Schiff unter Sturmbedingungen zu halten. Wichtig: Die Ankerleine muss im ↗Ankerkasten an einem Beschlag angeknotet sein, um zu verhindern, dass sie bei vollständig ausgebrachter Länge ausrauscht. Größere Yachten haben häufig keine Ankerleine, dafür aber entsprechend längere Ankerkette.

**Ankerkasten**
*Auf dem Vorschiff, direkt am Bug, befindet sich der Ankerkasten, ein kleiner Stauraum mit Klappe an Deck, in dem die Ankerleine und die Ankerkette liegen. Der Anker selbst wird in der Regel in einem Bugbeschlag festgeklemmt.*

## Anker ausbringen

Auf kleineren Yachten (etwa bis ca. 8-9 m Länge) lässt sich das Ankergeschirr noch von einem kräftigen Crewmitglied ohne technische Hilfsmittel per Hand ausbringen und bergen. Ab 9-10 m Schiffslänge werden die Kräfte zu groß und es wird eine **Ankerwinde** benötigt. Diese Winde, mechanisch per Hebelkraft oder elektrisch angetrieben, befindet sich entweder im Ankerkasten oder direkt dahinter an Deck. Lassen Sie sich alle Einzelheiten des Umgangs mit der Winde vom Skipper genauestens erklären, denn in der Regel muss eine Deckshand diesen Job erledigen.

! **Wichtig ist, dass beim Ausbringen des Ankers die Kette nicht ausrauscht!** Geben Sie Hand über Hand bzw. langsam mit der Elektrowinsch die Kette aus, um zu verhindern, dass sie sich am Meeresgrund mit dem Anker vertörnt. Es ist Aufgabe des Skippers bzw. des

Rudergängers, während dessen das Boot langsam achteraus zu motoren oder treiben zu lassen. Keinesfalls darf der Anker geworfen werden, denn dann rauscht die Kette blitzschnell aus und kann u.U. den Fuß mitreißen!

- Der Mann / die Frau an der Ankerkette gibt soviel Kette (bzw. Leine) bis mindestens die dreifache Wasserteife als Gesamtlänge ausgebracht ist. Vorsicht: In Gezeitengewässern muss diese Länge auf den höchsten Wasserstand am Ende der Flut bezogen werden! Nach Anweisung des Skippers wird die Kette/Leine schließlich auf einer Klampe oder einem Poller belegt.
- Außer bei nur kurzzeitigem Ankern sollte der Anker nun mit eingelegtem Rückwärtsgang motorend in den Grund gezogen werden. Wenn der Anker wirklich hält, so wird das Schiff nach einigen Sekunden mit steif gezogener Kette auf der Stelle stehen bleiben, ansonsten ↗schliert er.

**Schlierender Anker**

*Ein schlierender Anker rutscht über den Meeresboden, ohne sich einzugraben. Die Deckshand auf dem Vorschiff sollte nach Belegen der Ankerkette während des Rückwärtsmotorens mit einem Fuß auf der Kette prüfen, ob keine Rumpelvibrationen auftreten, denn nur dann liegt der Anker wirklich fest.*

## Anker bergen

Beim Ankerbergen (auch Ankerhieven genannt) ist es wichtig, dass der Mann/die Frau auf dem Vorschiff sich mit dem Rudergänger (der ja auch den Motor bedient) durch Zuruf verständigen kann.

Der Rudergänger muss während des Ankerhievens die noch ausgebrachte restliche Kettenlänge kennen, denn davon hängt es ab, wann er den Vorwärtsgang einlegt. Daher ruft ihm der Vorschiffsmann zu: „Kette kurzstag!“, wenn die Kettenlänge nur noch einfache Wassertiefe beträgt, der Anker also direkt unter dem Bug liegt.

Hat der Anker keine Grundberührung mehr (man sagt, der Anker ist ausgebrochen) so ruft der Vorschiffsmann „Anker aus dem Grund!", so dass der Rudergänger nun unter Motorhilfe die Yacht zwischen den anderen vor Anker liegenden Yachten aus der Bucht fahren kann.

„Woher kennt der Vorschiffsmann während alledem die ausgebrachte Kettenlänge?" werden Sie mit Recht fragen. Nun, auf einer guten Yacht sind an der Ankerkette in 5-m-Abständen farbig codierte Markierungen angebracht, die die Kettenlänge anzeigen.

## Bedingungen für gutes Ankern

Ob Ihre Nacht vor Anker eine romantische Erfahrung oder ein Alptraum wird, hängt nicht nur von einem zuverlässigen Ankergeschirr ab. Zahlreiche andere Faktoren sind ebenfalls entscheidend.

Zuerst die **Windrichtung.** Für eine ruhige Nacht vor Anker ist es wichtig, dass der Wind nicht in die Bucht hinein bläst. Ideal ist ein ↗ablandiger Wind. Herrscht ↗auflandiger Wind, so laufen die Wellen in die Bucht hinein und das Schiff wird ungemütlich ↗rollen und ↗stampfen. Leider sind die Windverhältnisse gerade im Sommer bei einer stabilen Hochdrucklage während der Nachtstunden keineswegs konstant. In vielen Revieren kommt es dann zu thermisch bedingten Winddrehungen nach Mitternacht (s. Kapitel Meteorologie), so dass die Windbeurteilung während des Ankermanövers am Nachmittag oder Abend nicht längerfristig richtig sein muss. Es ist Aufgabe des Skippers, dies zu bedenken. Auf jeden Fall sollte vor der Entscheidung zu ankern die Großwetterlage bekannt sein (Seewetterbericht, Wolkenbeobachtung, Luftdruckänderungen!), denn die Wahl des Ankerplatzes hängt von diesen Faktoren ab.

**Ablandiger Wind:** *Wind weht von Landseite*

**Auflandiger Wind:** *Wind weht von Seeseite*

**Rollen:** *Zur Seite hin- und herschwingen*

**Stampfen:** *Nach vorn und achtern hin- und hernicken*

**INT 1:**
*Die INT 1 ist die Seekarte Nr. 1, in der alle Abkürzungen und Symbole erläutert sind, die auf Seekarten erscheinen.*

Ein anderer Aspekt betrifft den **Ankergrund.** Er kann felsig, sandig oder schlammig sein; er kann mit Seegras bewachsen sein oder aus Kieselsteinen bestehen. Einen idealen Ankergrund bilden Sand oder Schlick. Nur hier gräbt sich der Anker tief ein, hält zuverlässig und lässt sich ohne Probleme auch wieder bergen. Wenn die Bodenbeschaffenheit nicht bekannt ist, so hilft ein Blick auf die Seekarte. Dort finden sich Abkürzungen und Symbole, die die gewünschte Auskunft geben. Erklärungen dazu gibt es in der Karte ↗INT 1 (s. Kapitel Seekarten). Skipper fragen!

Jeder Segler träumt von der unberührten, einsamen Ankerbucht. Träumen Sie weiter! Im Sommer werden Sie diese in den bekannten Segelrevieren wohl kaum mehr finden. Konsequenz: Wie an Land, so muss auch beim Segeln auf den Nachbarn Rücksicht genommen werden. Und das heißt zuerst einmal beim Ankern: **Abstand halten!** Eine Yacht ist kein Auto, das geparkt an seinem Platz bleibt, die Yacht schwojt. Damit ist die etwa kreisbogenförmige Drehbewegung eines Schiffes um seinen Anker gemeint. Will man absolut sicher gehen, während des Schwojens nicht mit dem Nachbarschiff zu kollidieren, so dürften sich die **Schwojkreise** der beiden Schiffe nicht überschneiden.

▶ *Schwojkreis um den Anker*

▼ *Die Schwojkreise der Boote 1, 2 und 4 überschneiden sich. Nur Boot 3 ankert sicher.*

828se Abb.: tb

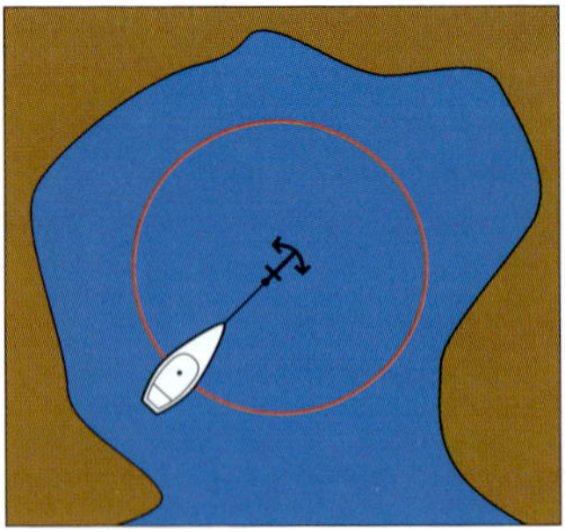

829se Abb. tb

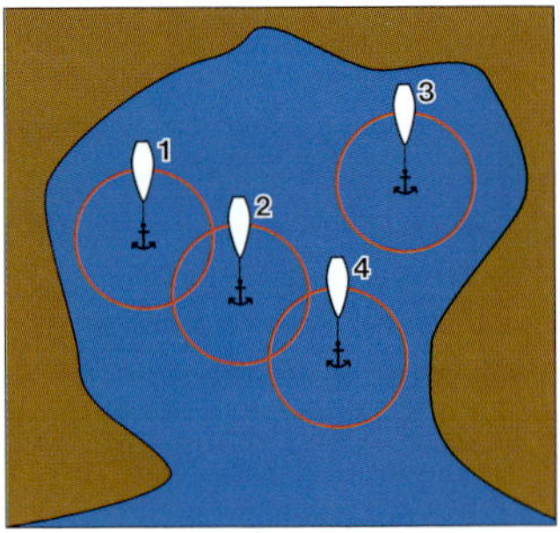

Leider sind heutzutage viele Segelreviere derartig überlaufen, dass eine solche Forderung nicht mehr realisierbar ist. Also wird ein **Kompromiss** gemacht. Unter der Annahme, dass die benachbarten Yachten nicht in entgegengesetzten Richtungen schwojen werden, hält man soviel Abstand, dass eine Kollision sehr unwahrscheinlich wird. Bei z.B. 10 m Wassertiefe könnte das bedeuten, dass man beim Ausbringen des Ankers mindestens 40-50 m Abstand zum Nachbarschiff hält. Ideal wären 70 m, dreifache Wassertiefe als Kettenlänge mal 2 (weil 2 Boote), plus 10 m Sicherheitsabstand.

# Sicherheit an Bord

Eine Segelyacht bildet auf See eine eigenständige kleine Welt für sich. Diese Autonomie bedeutet aber gleichzeitig, dass die Möglichkeiten der Hilfe von außen stark eingeschränkt sind. Folglich muss die Mannschaft ebenso wie die Yacht und ihre Ausrüstung so gut auf Vorhersehbares wie Unvorhersehbares vorbereitet sein, dass es möglichst erst gar nicht zu einer bedrohlichen Situation kommt. Natürlich hängt der Grad der Vorbereitung vom geplanten Törn ab: Ein Sonntagsausflug zur Insel „vor der Haustür" erfordert nicht die gleiche Vorbereitung wie eine Atlantiküberquerung.

## Was ist ein Seenotfall?

Je nach Erfahrung des Skippers und der Besatzung werden höchst unterschiedliche Notlagen als bedrohlich angesehen oder auch nicht. Ein gebrochener Mast muss keineswegs eine akute Bedrohung darstellen, sofern das Boot unter Motor sicher in den nächsten Hafen gebracht werden kann, während andererseits die Banalität eines leeren Dieseltanks einen echten Seenotfall nach sich ziehen kann, wenn z.B. die Yacht bei Flaute manövrierunfähig in starkem Gezeitenstrom auf Felsen zutreibt.

Ob es sich um einen Seenotfall handelt, kann also nicht pauschal beurteilt werden, sondern muss vom Skipper oder seinem Vertreter unter Berücksichtigung der Rahmenbedingungen entschieden werden. Die **Kriterien** sind folgende:

- Besteht die Gefahr, dass das Schiff schwer beschädigt werden könnte oder bereits beschädigt ist, so dass es zu sinken droht?
- Sind Besatzungsmitglieder durch schwere Krankheit oder Unfall (Mann über Bord) lebensgefährlich bedroht?

! **Lassen Sie sich auf jeden Fall vom Skipper in den Gebrauch der Seenotmittel und die Bedienung der Grundfunktionen des UKW-Funkgerätes einweisen,** denn es könnte ja sein, dass ausgerechnet der Skipper selbst durch irgendeinen Unfall ausfällt.

In vielen Ländern (z.B. Frankreich, Italien) gibt es eine gesetzlich vorgeschriebene **Minimalausrüstung für den Seenotfall** ebenso wie für das Betreiben des Bootes allgemein. Nicht so in Deutschland. Hier werden nur Empfehlungen ausgesprochen, doch kann man davon ausgehen, dass die meisten Yachten unter deutscher Flagge ausreichend bis hervorragend ausgerüstet sind.

Die Seenotmittel sollten für einen Küstentörn mindestens folgendes umfassen:

- **Mehrere rote Fallschirmraketen,** die (nur im Seenotfall!) abgeschossen, minutenlang am Himmel einen roten Feuerball erzeugen. Insbesondere in der Nacht sind diese an einem kleinen Fallschirm langsam absinkenden Feuerkugeln über mehrere Seemeilen weit zu sehen. Sie machen sogar weiter

204se Abb.: wk

*Rettungsinsel im Container an Oberdeck*



entfernte Schiffe (Flugzeuge, Hubschrauber) auf die Notlage aufmerksam.

- **Mehrere rote Handfackeln,** die eingesetzt werden, wenn bereits andere Schiffe (Flugzeuge, Hubschrauber) sich so nahe am Havaristen befinden, dass eine Handfackel ausreicht, um die genaue Position anzugeben.
- **Wasserfärbungsmittel** helfen am Tage, den Havaristen aus der Luft leichter zu orten. Es handelt sich dabei um hoch konzentriertes Färbungsmittel in kleinen Säckchen, die aufgerissen ins Wasser geworfen werden.
- **Eine Rettungsinsel** (oder mindestens ein unsinkbares, stabiles Beiboot), die sich über eine Pressluft - oder $CO_2$-Flasche automatisch aufbläst, sobald die Reißleine gezogen wird oder das Schiff sinkt.
- Das wichtigste Hilfsmittel im Notfall ist das **UKW-Funkgerät.** Es hat sich in der Vergangenheit immer wieder gezeigt, dass die optischen Hilfsmittel (Raketen, Fackeln) nicht rechtzeitig gesehen wurden, während - zumindest in Küstennähe - der über UKW abgesetzte Notruf von einem Schiff oder einer Küstenfunkstation gehört wurde und

**Sicherheitscheck vor dem Ablegen**

*Ein Crewmitglied sollte sich selbst vor dem Ablegen immer folgende Fragen stellen:*

- ❑ *Ist die Rollenverteilung an Bord klar (beim Ablegemanöver und auf See)?*
- ❑ *Hat jedes Besatzungsmitglied eine Rettungsweste und einen Lifebelt?*
- ❑ *Ist jedes Crewmitglied in den Gebrauch der Seenotsignale eingewiesen worden?*
- ❑ *Ist jedem Crewmitglied der Aufbewahrungsort des Erste-Hilfe-Kastens bekannt?*
- ❑ *Können mindestens zwei Crewmitglieder mit der UKW-Funkanlage umgehen?*
- ❑ *Hat der Skipper den Gebrauch der Toilette (Seeventile, Gefahr des Wassereinbruchs über die Toilette) erklärt?*

*Darüber hinaus sollte der Skipper folgende Fragen mit der Crew durchsprechen:*

- ❑ *Ist die Großwetterlage und die zu erwartende Wetterentwicklung bekannt?*
- ❑ *Ist genug Trinkwasser an Bord?*
- ❑ *Ist genug Diesel an Bord?*
- ❑ *Ist die Seenotausrüstung (Raketen, Handfackeln, Wasserfärbungsmittel ...) vollständig an Bord und wurde ihr Gebrauch ausführlich erklärt?*
- ❑ *Ist der Erste-Hilfe-Kasten inkl. notwendiger Medikamente aufgefüllt an Bord?*
- ❑ *Befindet sich ein zweites UKW-Funkgerät (tragbar, Akkus gefüllt!) an Bord?*
- ❑ *Ist die Rettungsinsel einsatzbereit?*
- ❑ *Ist eine dem geplanten Törn angemessene Werkzeugkiste an Bord?*
- ❑ *Sind für den geplanten Törn möglicherweise notwendige Ersatzteile für Rigg, Segel, Motor ... an Bord?*

von dort aus Hilfe eingeleitet werden konnte. Darum sollte neben dem fest am Kartentisch installierten UKW-Gerät ein zweites, tragbares Gerät an Bord sein, das auch bei Mastbruch noch funktionsfähig bleibt (Die Antenne des festen UKW-Gerätes befindet sich in der Regel im Masttop. Ideal ist eine zweite, fest installierte UKW-Antenne, z.B. am Heckkorb). Die Benutzung des UKW-Gerätes erfordert – juristisch gesehen – ein staatlich anerkanntes UKW-Sprechfunkzeugnis, das der Anfänger in der Regel nicht besitzt.

Lassen Sie sich dennoch die Grundfunktionen für den Notfall erklären! Besser illegal gerettet, als legal gesunken!

118se Abb.: wk

▲ *Mann-über-Bord-Boje*



ABER KEINE ANGST! Segeln ist – statistisch gesehen – weniger gefährlich als Autofahren. Zwar werden in den Medien gern Seenotfälle herausgestellt, doch ist es extrem selten, dass Yachten sinken oder Segler ertrinken.

Einige Werften nutzen die (oft übertriebene) Angst mancher Kaufinteressenten von Yachten, indem sie die Rümpfe doppelschalig und ausgeschäumt unsinkbar machen. Damit erobern sie eine Marktlücke.

Lassen Sie sich nicht verunsichern. Sicherheit an Bord darf nicht vernachlässigt werden! Aber auch hier kann man übertreiben! Tragen Sie eigentlich eine Rettungsweste, wenn Sie mit dem Auto über eine Flussbrücke fahren?

207se Abb.: wk

# Technisches

## Ich bin doch kein Ingenieur!

# Problemzone Motor

Am liebsten würde der Segler natürlich auf den Motor völlig verzichten. Schließlich will er doch in frischem Wind segeln, statt Benzin- oder Dieselmief zu atmen. Wenn die Häfen großzügiger angelegt wären und jeder Segler unbegrenzt Zeit hätte, so wären vermutlich die meisten Motoren längst ausgebaut. Zwar gibt es einige wenige Puristen, die den Fremdkörper „Motor" auf ihrem Boot nicht dulden, aber sie sind die Ausnahme. In vielen Häfen ist es sogar verboten, unter Segeln zu manövrieren. Folglich gehört der Motor heutzutage zur Standardausrüstung. Seine Technik bleibt allerdings für viele Skipper und deren Besatzung ein Buch mit sieben Siegeln. Fachliteratur und Motorenseminare können hier Abhilfe schaffen (s. Literaturtipps).

Auch wenn der Motor nicht zum zentralen Aufgabenbereich der Mannschaft gehört, so sollte doch jedes Besatzungsmitglied über folgende Punkte informiert sein:

- **Wo befinden sich die Batterieschalter und wie werden sie betätigt?** An Bord gibt es normalerweise mindestens zwei Batterien: eine für den Motorstart und eine zweite für alle anderen elektrischen Geräte. Um sicherzustellen, dass die Motorenbatterie niemals zu tief entladen wird, sind die beiden Batterien mittels eines Doppelschalters voneinander getrennt. In der Regel befindet er sich am Kartentisch oder am ↗Niedergang. Unter Segeln sollte darauf geachtet werden, dass immer nur eine Batterie eingeschaltet ist, um zu verhindern, dass z.B. im Falle eines Kurzschlusses oder eines unabsichtlich eingeschalteten Gerätes mit hohem Stromverbrauch beide Batterien entleert werden. Es könnte fatale Auswirkungen haben, wenn erst in der Hafeneinfahrt bemerkt wird, dass der Motor nicht startet ...

**Niedergang:** *Treppe, die vom Cockpit unter Deck führt*

- **Wie wird der Motor gestartet?** Irgendwo im Bereich der Plicht (Cockpit) findet man einen kleinen Kasten, ähnlich einem kleinen Armaturenbrett, mit Kontrollampen, Messgeräten, einem Zündschloss und dem Startknopf. Bootsdiesel werden in der Regel nicht – wie Autos – allein durch Drehen des Zündschlüssels gestartet, sondern es muss zusätzlich ein Startknopf gedrückt werden.
- **Wie werden die Schaltung und der Gashebel bedient?** Ebenfalls im Bereich der Plicht in Reichweite des Rudergängers befindet sich der Schalt- und Gashebel. Normalerweise sind beide Funktionen in einem Hebel zusammengefasst (Einhebelschaltung), so dass durch Neigung des Hebels sowohl eingekuppelt, als auch Gas gegeben wird. Bitten Sie um eine Einweisung durch den Skipper!
- **Wo befindet sich das Seeventil für den Kühlwassereinlass?** In der Regel liegt dieses wichtige Ventil unter dem Niedergang nahe am Motor. Es muss bei Motorbetrieb vollständig geöffnet sein, denn von dort fließt das den Motor kühlende Seewasser in den Kühlkreislauf. Bei längeren Liegezeiten sollte dieses Ventil geschlossen werden. Leider wird aber manchmal auf Charteryachten vergessen, vor dem Motorstart das Kühlwasserventil zu öffnen. Die Folge: Sie hören einen schrillen Alarmton, der die Leiden des sich überhitzenden Motors weitergibt. Kontrollieren Sie deshalb immer nach dem Motorstart, dass am Heck aus dem Auspuffrohr Wasser austritt!
- **Wo kontrolliert man den Ölstand im Motor?** Wie beim Automotor gibt es einen Peilstab am Motorblock.

Fragen bezüglich Ölwechsel, Filterwechsel, Ladeleistung der Lichtmaschine, Abgasqualität, Zustand des Getriebes, der Motorwelle und des Propellers betreffen eher den Skipper als die Besatzung.

# Der Kompass

Zweifellos ist der Kompass auch in Zeiten satellitengestützter Navigation noch immer das wichtigste Instrument. In einem meist kugelförmigen Glaskörper lagert in einer bewegungsdämpfenden Flüssigkeit (oft Petroleum) eine runde Scheibe, die **Kompassrose.** An der Unterseite dieser Scheibe befindet sich ein Stabmagnet, der sich auf das Erd-Magnetfeld einstellt und in die Richtung des magnetischen Pols der Nordhalbkugel zeigt. Die Kompassrose ist von 0° bis 360° in die üblichen Himmelsrichtungen eingeteilt. Ost wird zum internationalen Verständnis mit E abgekürzt (englisch *East*).

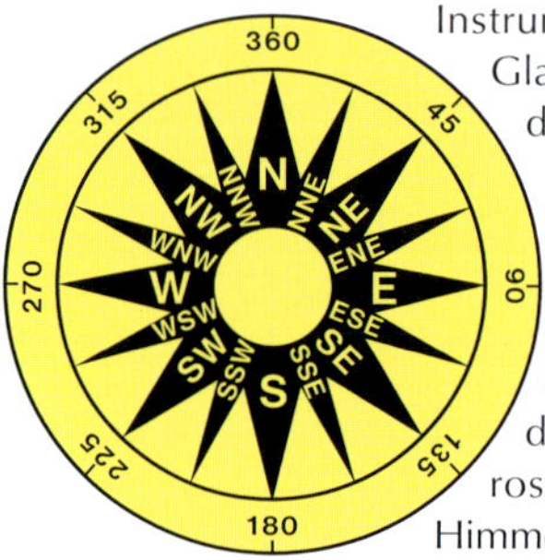


Doch zum Ärger des Navigators zeigt der Kompass gar nicht genau nach Norden. Die Gründe:

1) Die Rotationsachse der Erde verbindet den geographischen Nordpol mit dem geographischen Südpol. Die beiden magnetischen Pole der Erde hingegen sind nicht mit den geographischen Polen identisch. Ihre Verbindung ist folglich nicht identisch mit der Rotationsachse der Erde. Das Koordinatensystem der Erde mit seinen Längen- und Breitengraden und somit auch jede Seekarte ist aber auf die geographischen Pole bezogen. Ein Meridian (Längengrad) verbindet immer halbkreisförmig den geographischen Nordpol mit dem geographischen Südpol. Der Differenzwinkel zwischen der Richtung zum geographischen Pol und dem magnetischen Pol wird **Missweisung** genannt. Er ist von Ort zu Ort unterschiedlich und muss bei der Kursbestimmung berücksichtigt werden. Man entnimmt ihn der Seekarte.

2) Die Missweisung verändert sich im Laufe der Jahre, bedingt durch Verschiebungen des Magmas

im Erdinneren und durch elektromagnetische Einflüsse aus dem Weltall.

3) Das Schiff selbst besitzt ein eigenes, mehr oder weniger starkes Magnetfeld (Motor, evtl. Stahlrumpf etc.), das einen weiteren Fehlwinkel erzeugt, genannt **Deviation.** Insbesondere auf einem Stahlschiff gehört eine Kurs-Korrekturtabelle, eine **Deviationstabelle,** unbedingt an Bord. Sie muss mindestens jährlich auf Genauigkeit überprüft werden.

4) Das Schiff bewegt sich im Seegang und die Kompassrose reagiert wegen der Dämpfungsflüssigkeit träge.

Und wenn ein unwissendes Besatzungsmitglied unbemerkt irgendeinen eisernen Gegenstand in die Nähe des Kompass gestellt hat, segelt man nach England statt nach Helgoland ...

Die Summe all dieser Abweichungen nennt man **Fehlweisung.** Wenn sie eine Abweichung gegen den Uhrzeigersinn erzeugt, nennt man sie negativ (–), wenn sie dem Uhrzeiger folgt, ist sie positiv (+).

Der Steuerkompass ist auf Schiffen mit Steuerrad in der Regel in die **Steuersäule** eingebaut. Auf Schiffen mit Pinnensteuerung befindet er sich hingegen im Brückenaufbau (s. Fotos).

Neben dem Steuerkompass sollte an Bord noch mindestens ein mobiler **Handpeilkompass** sein. Er dient – wie der Name schon sagt – dazu, Peilungen zu anderen Schiffen oder Landmarken zu nehmen.

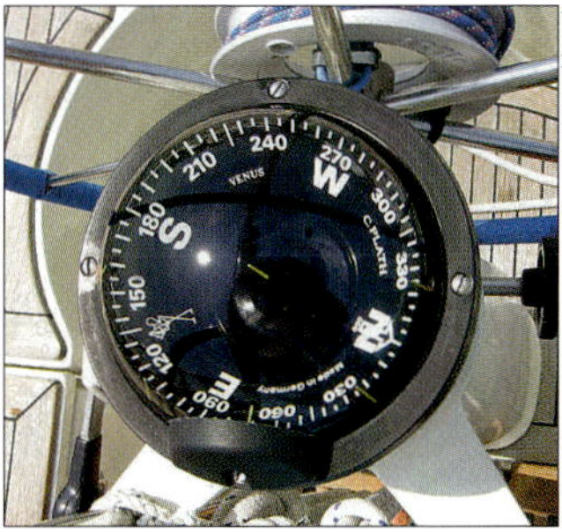
208se Abb.: wk

▲ *In die Steuersäule integrierter Kompass*

209se Abb.: wk

▲ *Kompass im Brückenaufbau*

064se Abb.: wk

# Technische Ausrüstung des Bootes

Der Kartentisch einer modernen Fahrtenyacht ähnelt heutzutage nicht selten einer High-Tech-Kommandozentrale.

Zuallererst das **Elektroschaltpaneel,** an dem sämtliche Stromkreise zusammengeführt und mit Sicherungen geschützt sind. Nicht nur der Skipper sollte wissen, wo welche Geräte ein- und ausgeschaltet werden. Machen Sie sich mit der Beschriftung vertraut und suchen sie insbesondere die Schalter für die Innenbeleuchtung, die Positionslaternen, die Decksbeleuchtung und die Kompassbeleuchtung.

Um den Kartentisch herum finden Sie ferner folgende Geräte:

- **Das Echolot:** Ein Gerät zur Wassertiefenbestimmung, das über eine Analog- oder Digitalanzeige die Wassertiefe angibt. Seine Funktion beruht auf

*▲ Der Kartentisch einer Segelyacht*

dem Prinzip der Laufzeitmessung eines hochfrequenten akustischen Impulses zwischen Abstrahlung, Reflexion am Meeresboden und erneutem Empfang. Fragen Sie den Skipper, ob der angezeigte Wert sich auf die Tiefe unter dem Kiel oder die absolute Wassertiefe bezieht. Inzwischen gibt es sog. vorausschauende Echolote, deren Impulse nicht nur senkrecht unter dem Schiffsrumpf abgestrahlt werden, sondern ebenfalls nach vorne dirigierbar sind, so dass auch der Abstand zu Unterwasserhindernissen vor dem Schiff gemessen werden kann.

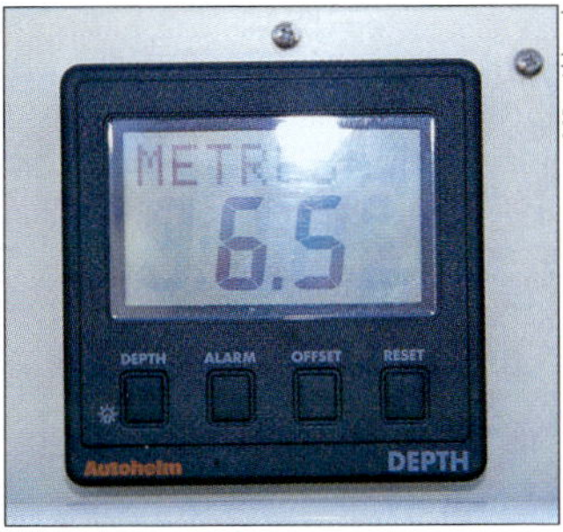


065se Abb.: wk

▲ *Digital-Echolot*

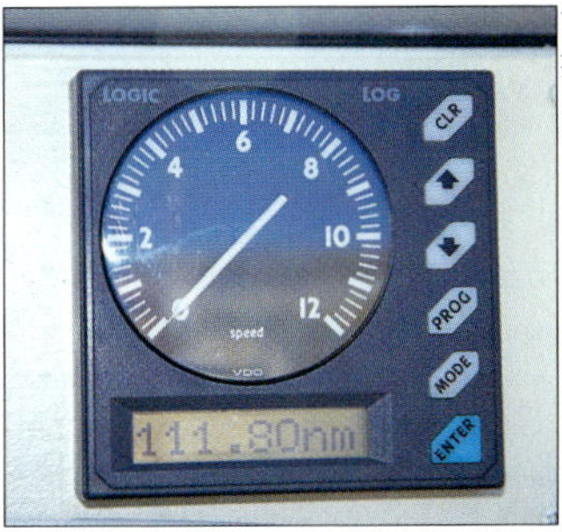


066se Abb.: wk

▲ *Logge mit Speedometer*

- **Die Logge:** Ursprünglich war die Logge in der traditionellen Seefahrt lediglich ein Meßgerät für die zurückgelegte Wegstrecke, gemessen in ↗Seemeilen. Moderne Geräte zeigen neben der Strecke auch zusätzlich die Geschwindigkeit, gemessen in ↗Knoten an. Man nennt sie auch Speedometer. Die Messtechnik beruht auf der Zählung der Drehungen eines kleinen Impellers (Schaufelrad), der in der Regel im vorderen Bereich des Unterwasserschiffes eingebaut ist. Leider passiert es nicht selten, dass der Impeller mit Algen verkrautet und sich dann nicht mehr dreht. Holen Sie Ihre Zahnbürste und gehen Sie tauchen!
- **Das GPS:** Ursprünglich für das Militär entwickelt, beherrscht heute das Global Positioning System die Positionsbestimmung auf See, in der Luft und an Land. Nachdem Generationen von Seefahrern

**Seemeile:**
*1 sm*
*= 1,852 km*

**Knoten:**
*1 Knoten*
*= 1 sm/h*
*= 1,852 km/h*

Technisches

067se Abb.: wk

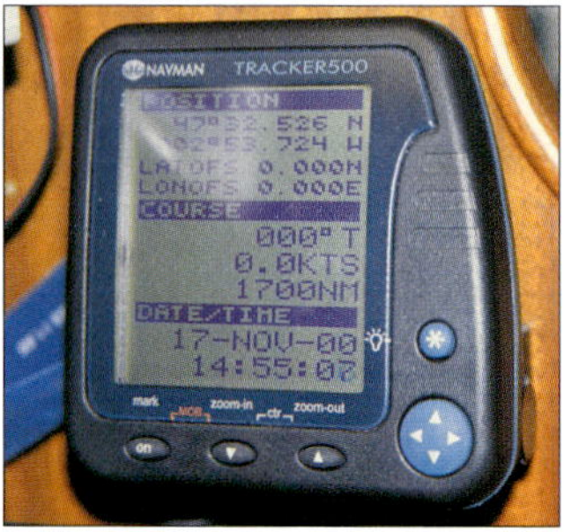


▲ *GPS-Gerät*

068se Abb.: wk

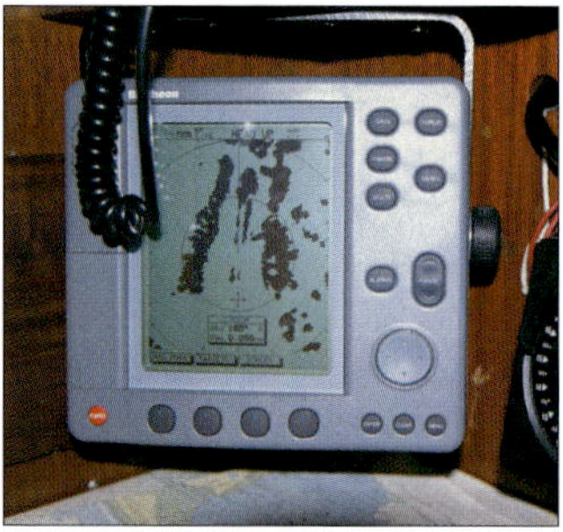

▲ *Radargerät*

mit Peilungen von Landmarken oder Himmelskörpern (Sonne, Mond, Fixsterne, Planeten) mehr oder weniger genau ihre Position zu bestimmen versuchten, ist es heutzutage dank moderner Satellitentechnik möglich, den eigenen Standort mit weniger als 100 Metern Ungenauigkeit zu bestimmen. GPS-Geräte können aber noch viel mehr als nur die Position in Länge und Breite anzugeben. Insbesondere die so genannte „Autobahn" bildet eine praktische Anwendung: Sie geben einen Zielpunkt ein und das Gerät berechnet Ihnen den Kurs und die Strecke zum Ziel (so genannte Wegpunkt-Navigation). Zusätzlich wird eine eventuelle wind- oder strömungsbedingte Abweichung vom Kurs angezeigt. GPS-Geräte gibt es in fest zu installierender Ausführung oder als mobiles Handgerät.

- **Das Radar:** Sein Prinzip beruht auf kreisend um das Schiff abgestrahlten elektromagnetischen Impulsen, die von Objekten (Schiffen, Hafenmauern, Felsen, Tonnen, Leuchttürmen) reflektiert werden und dann als Punkte oder Flecken auf einem kleinen Bildschirm sichtbar gemacht werden. Keineswegs nur im Nebel findet das Radargerät eine sinnvolle Anwendung. Neben der Kollisionsverhütung mit anderen Schiffen bildet es insbesondere bei Nacht eine wertvolle Navigationshilfe, um schlecht beleuchtete, kleine Häfen oder Ankerbuchten ansteuern zu können. Die Reichweite variiert je nach Gerät zwischen 8 und 32 Seemeilen.

Der Gebrauch des Radars erfordert eine recht umfangreiche Einweisung durch den Skipper. Um das Orten der eigenen Yacht durch andere Radars zu erleichtern, wird ein Radarreflektor am Mast befestigt.

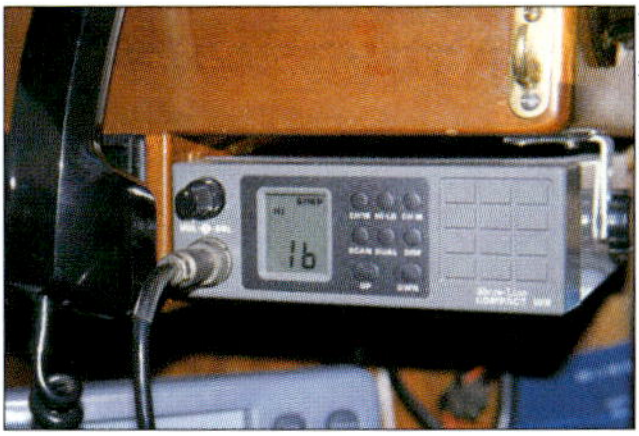

061se Abb.: wk

▲ *Stationäres UKW-Funkgerät*

- **Die Radio- und Funkausrüstung:** Jede Yacht im Küstenbereich sollte mit einem UKW-Sprechfunkgerät ausgerüstet sein. Es ermöglicht die Kommunikation mit anderen Schiffen, Hafenbehörden und Küstenfunkstellen. Außerdem werden mehrmals täglich Wetterberichte über UKW ausgesendet. Erkundigen Sie sich beim Skipper über die Uhrzeiten der Wetterberichte. Der Sendebetrieb des UKW-Gerätes erfordert vom Benutzer ein UKW-Sprechfunkzeugnis. Neben dem UKW-Funkgerät gibt es an Bord sicherlich noch ein Radiogerät mit UKW-Frequenzbereich, der allerdings nicht identisch ist mit dem Sprechfunkbereich.

070se Abb.: wk

▲ *UKW-Hand-Sprechfunkgerät*

- **Meteorologische Geräte:** Ein gutes Barometer (Luftdruckmessgerät) gehört auf jede Yacht. Besser noch ist ein Barograph, der nicht nur den aktuellen Luftdruckwert anzeigt, sondern darüber hinaus auch die Entwicklung der letzten Tage (evtl. nur 24 Std.) graphisch darstellt. Luftdruckveränderungen sind ein aussagekräftiges Kriterium zur Wetterbeurteilung. In diesem Zusammenhang sind auch Wetterkartenschreiber, Laptops mit Internetzugang über Handy und NAVTEX-Geräte zu nennen, die den Empfang von Wetterkarten, Wetterberichten oder Satellitenbildern ermöglichen. Viele Yachten verfügen ferner über eine Windmessanlage, bestehend aus Gebereinheit im Masttop (Schaufelrad, das sich im Wind dreht) und Anzeigegerät am Kartentisch oder an Deck, das die Windgeschwindigkeit in Knoten oder km/h anzeigt (Angaben nicht verwechseln!).

- **Der Autopilot:** Ruder gehen über viele Stunden ist harte Arbeit. Viele Yachten sind deshalb inzwischen mit einem elektrischen Ruderklaven ausgerüstet. An einem separaten Kompass wird der Sollkurs eingestellt. Die Pinne oder das Steuerrad wird mit einem Elektromotor verbunden, der Abweichungen vom Sollkurs sofort korrigiert. Elektrische Autopiloten sind allerdings je nach Leistung der Anlage bei grober See und stürmischem Wind kaum in der Lage, den Kurs exakt zu halten. Anders ist dies bei:

▼ *Windfahnen-Selbststeuerung*

071se Abb.: wk

- **Windfahnensteuerungen:** Dies sind mechanische Steueranlagen, die am Heck der Yacht angebracht werden und den Kurs nicht relativ zur Nordrichtung des Kompasses, sondern relativ zur Windrichtung halten.
- **Pumpen:** Als Mitsegler haben Sie beim Skipper sofort einen Stein im Brett, wenn Sie sich nach der Größe des Wassertanks und den Frischwasserpumpen erkundigen, denn jeder Skipper fürchtet einen überhöhten Wasserverbrauch durch unerfahrene Mitsegler, die ihre wasserverschwendenden Haus-Gewohnheiten an Bord fortsetzen. Süßwasser ist

an Bord ein noch höheres Gut als an Land und sollte sparsam verwendet werden, denn wer weiß, ob der Wasserhahn im nächsten Hafen nicht abgesperrt ist.

Neben den für die Spül- und Waschbecken notwendigen Hand- oder Fußpumpen, die auf manchen Booten auch elektrisch sind (Vorsicht: hoher Wasserverbrauch!), gibt es eine zentrale Pumpe mit besonders hoher Leistung: Die ↗Bilgepumpe. Ein gut ausgerüstetes Boot besitzt eine elektrische und eine mechanische Bilgepumpe mit voneinander unabhängigen Ansaugschläuchen. Erkundigen Sie sich nach der Funktionsweise.

**Bilgepumpe**
*Die Bilge ist der am tiefsten liegende Bereich des Bootes, wo sich Wasser und – unerwünschterweise – auch andere Flüssigkeiten sammeln, wenn irgendwo etwas undicht wird. Auf traditionell gebauten Yachten mit langem Kiel befindet sich die Bilge im unteren, hinteren Teil des Kiels, auf moderneren Yachten hingegen direkt unter den Bodenbrettern. Die Bilgepumpe muss so groß dimensioniert sein, dass sie in der Lage ist, auch einen mittelgroßen Wassereinbruch zu bewältigen.*



## Persönliche Ausrüstung und Kleidung

Zwar wird es auf einem gut ausgerüsteten Boot einige Öljacken und vielleicht auch Bordschuhe in Reserve geben, aber der vorausschauende Mitsegler bringt seine eigene Ausrüstung mit. Dazu gehört zuallererst eine der Klimazone und dem zu erwartenden Wetter angepasste Kleidung:

**Ölzeug:** *Wasserdichte Bekleidung. Der Name stammt aus der Zeit, als Segler noch ölgetränkte Baumwollkleidung trugen.*

### Ölzeug

So genanntes ↗Ölzeug, Jacken und Hosen gibt es in leichter Ausführung für sommerliche Regentage und Kurztörns, in mittelschwerer Ausführung für längere Törns in gemäßigten Zonen und in Schwerwetterausführung für Ozeantörns und kalte Klima-

073se Abb.: wk

zonen. Neben der Kombination Jacke und Hose getrennt gibt es auch Overalls, doch sollten Sie die zweiteilige Kleidung bevorzugen, denn manchmal reicht es aus, die untere Hälfte des Körpers mit Gummistiefeln und Ölhose gegen die Nässe an Deck zu schützen. Außerdem kann die vom Körper abgegebene Feuchtigkeit bei der zweiteiligenVersion einfacher entweichen.

▲ *Ölzeug-Kombi*

Um die Kondensation von Körperfeuchtigkeit unter dem Ölzeug zu mindern, bieten die Hersteller von Ölzeug natürlich, wie für andere Sportarten auch, **atmungsaktive Jacken und Hosen** an (Goretex, Sympatex, etc.). Der Preis solcher Öljacken liegt in der Regel 50-100 % über dem der normalen Version aus nicht-atmungsaktivem Nylonmaterial. Wer diese Mehrkosten nicht scheut, sollte dieser atmungsaktiven Kleidung den Vorzug geben, doch achten Sie darauf, dass die durch Scheuern stärker belasteten Flächen (Knie, Hosenboden, Ellenbogen) Verstärkungen haben.

▼ *Südwester*

074se Abb.: wk

Das Ölzeug sollte lieber ein wenig zu groß als zu klein gekauft werden, um die dem Wetter angepasste Zahl an „Zwiebelschichten" darunter tragen zu können. Testen Sie beim Kauf des Ölzeugs auch die **Kapuze.** Sie sollte in der Größe regulierbar sein, um mit oder ohne Mütze darunter immer gut zu sitzen. Falls Sie keine Kapuzen mögen, so kaufen Sie sich einen **Südwester!**

**Bekleiden nach dem Zwiebelprinzip**

*Auch in klassischem, nicht atmungsaktivem Ölzeug lässt sich hervorragend bei Schietwetter segeln, wenn man das Ölzeug nach dem Zwiebelprinzip benutzt: Angepasst an die Temperatur werden unter dem Ölzeug zwei, drei oder auch vier Schichten an Unterwäsche, Mittelbekleidung und Oberbekleidung getragen.*

*Beispiel: Für einen Nordseetörn von Cuxhafen nach Helgoland im sommerlichen deutschen Regen bei 18 °C reichen sicherlich die Jeans und der leichte Pullover unter dem mittelschweren Ölzeug. Wird hingegen die Nacht durchgesegelt (z.B. Zielhafen in Südostengland), so sind sicherlich auch die lange Unterhose und das wärmende Sweatshirt zusätzlich notwendig. Darunter baumwollene Unterwäsche. Besser noch: So genannte Klimaunterwäsche, wie sie auch für Skifahrer angeboten wird. Sie ist an Bord auf längeren Törns Gold wert, denn sie mindert das Gefühl der Feuchtigkeit auf der Haut erheblich.*

*Bei Temperaturen unter 10 °C bringt eine Mittelschicht aus Faserpelz weiteren Komfort. Auch diese Schicht sollte zweiteilig sein. Kaufen Sie keinen Overall, denn spätestens beim Gang auf die Toilette werden sie fluchen ...*

*A propos: Um den Gang zur Toilette zu erleichtern, haben viele Hersteller inzwischen Hosen und Jacken mit Reißverschlusssystemen ausgestattet, die den erleichternden Gang nicht zum nervenaufreibenden Akt werden lassen. Ein Plus, das Sie gerade in schwerer See auf einem rollenden und stampfenden Boot schätzen lernen.*

## Schuhwerk

Zum Ölzeug gehört natürlich auch ein Paar **Gummistiefel.** Haben Sie schon, sagen Sie? Für die Gartenarbeit? Ihr Skipper wird sich bedanken! Gartenstiefel, Reitstiefel u.Ä. sind vielleicht wasserdicht, aber erstens ist die Sohle in der Regel nicht rutschfest auf einem Bootsdeck und zweitens hinterlassen diese meist dunklen Sohlen hässliche Scheuerspuren an Deck. Hinzu kommt, dass sich in dem oft recht groben Profil Steine festgesetzt haben können, die auf einem Teak- oder Polyesterdeck nicht gerade erwünscht sind. Gönnen Sie sich (und den Nerven Ihres zukünftigen Skippers) ein Paar Bootsstiefel mit rutschhemmender, sehr fein profilierter, heller Sohle.

**Achtung Schweißfüße!**

*Auf keinen Fall sollten Sie zum Yachtsegeln Neoprenstiefel wählen, wie sie für Jollensegler angeboten werden. Schon nach kurzer Zeit ist die Geruchsentwicklung der in Neopren isolierten Füße - und anschließend die der Stiefel selbst - ein ausreichender Grund, um zur Erlösung der Geruchsnerven ein Mann-über-Bord-Manöver einzuleiten! Tragen Sie in Gottes Namen gute Wollsocken - und wechseln Sie sie früh genug! Und noch eines: Verpacken Sie Ihre getragenen Socken in Plastiktüten!*

Zum Glück herrscht nicht immer Schietwetter. Doch auch bei herrlichstem Sonnenschein und 28 °C sollte kein Besatzungsmitglied an Deck barfuß gehen. Die Verletzungsgefahr ist zu groß. Das Deck einer Segelyacht ist mit Stolperfallen gespickt, zahlreiche Beschläge haben mehr oder weniger gefährliche Ecken und Kanten, eine Fußverletzung ist nur allzu leicht möglich. Konsequenz: **Bordschuhe!** Natürlich reichen für das gelegentliche, kurzzeitige Segeln auch einfache Turnschuhe, doch gilt auch hier das für Stiefel gesagte: Keine dunklen Sohlen, keine groben Profile! Bordschuhe sollten vollständig aus seewasserfestem Leder sein und eine auch auf feuchtem Deck rutschfeste, helle Sohle haben. Gute Bordschuhe lassen sich bei Hitze auch ohne

Socken tragen, nass oder trocken, im tropischen Regenschauer genauso wie an einem schönen Tag in Irland.

## Persönliche Ausrüstung

Als Deckshand – der Name sagt es schon – werden nicht zuletzt Ihre Hände recht arg beansprucht. Das regelmäßige Dichtholen der Schoten mit einer nicht-selbstholenden Winsch macht nach zwei Wochen Segeln aus zarten Frauenhänden schwielengehärtete Arbeitshände. **Segelhandschuhe** beugen dem vor.

Beim Arbeiten mit der Ankerkette und der Ankerwinsch sollten Sie regelrechte **Arbeitshandschuhe** tragen. Der vorsorgende Skipper hat zwar (hoffentlich) immer mehrere Paare an Bord, aber nehmen Sie sich vorsorglich selbst ein Paar mit (billig im Baumarkt zu kaufen).

Je nach Fahrtgebiet und vorhandener Ausrüstung an Bord sind ferner folgende Geräte hilfreich:

- **Ein persönliches Fernglas.** Mit großer Wahrscheinlichkeit erfordern die Augen des Skippers und die der Besatzung unterschiedliche Einstellungen des Fernglases. Es ist eine alte Tradition an Bord, dass der Skipper sein eigenes Fernglas besitzt und dieses nur ungern verstellen lässt.
- **Eine persönliche Rettungsweste** mit zugehörigem Lifebelt. Zwar gilt auch hier, dass der Skipper prinzipiell für jedes Besatzungsmitglied vorgesorgt haben sollte, doch ist es bei häufigerem Segeln von Vorteil,

**Das richtige Fernglas**

*Sie müssen kein Marineglas der Spitzenklasse kaufen, aber es sollte schon ein wasserfestes (nicht nur wassergeschütztes!) Glas mit guter Optik sein, das Sie auch im Regen benutzen können. Die Vergrößerung sollte 7-fach sein (stärkere Vergrößerung führt auf See zu Verwackelungsproblemen). Der Objektivdurchmesser sollte 50 mm betragen. Dies ermöglicht bessere Nachtsicht als bei kleinerem Durchmesser.*

**Welche Rettungsweste nehmen?**

*Rettungswesten gibt es als Feststoffwesten (recht sperrig und unkomfortabel), als halbautomatische Westen, die mittels einer $CO_2$-Patrone aufgeblasen werden nachdem an einem Auslöser gezogen wird, und als vollautomatische Westen, die sich selbsttätig im Wasser ebenfalls aus einer $CO_2$-Patrone aufblasen. Der Nachteil dieser vollautomatischen Westen besteht darin, dass sie sich manchmal in schwerer See bei überkommenden Brechern schon aufblasen, bevor eine Notsituation eingetreten ist. Ich selbst bevorzuge darum die halbautomatische Version, doch muss man sich darüber im Klaren sein, dass sich die Weste nicht selbsttätig aufblasen wird, wenn der Betreffende ohnmächtig ins Wasser fällt.*

076se Abb.: wk

wenn Sie sich an eine eigene Weste mit fester Einstellung der Gurtbänder gewöhnen.

Zur Rettungsweste gehört obligatorisch der **Lifebelt,** eine ca. 2 m lange Leine mit Karabinerhaken an beiden Enden, um sich bei Schwerwetter in der Plicht oder an Deck „einpicken" (angurten) zu können. Ein guter Lifebelt ist in der Länge zweistufig regelbar und mit drei statt nur mit zwei Karabinerhaken ausgestattet.

- Manche Mitsegler bringen ihr **eigenes tragbares GPS-Gerät** mit, um ihre Lernfortschritte in Navigation direkt am persönlich gewohnten Gerät einüben zu können. Angesichts des geringen Preises heutiger Handgeräte (ab ca. 150 Euro) ist dies eine sinnvolle Ergänzung.
- Nicht zuletzt ist gutes Schlafen an Bord eine wichtige Voraussetzung für einen gelungenen Törn: Bringen Sie einen guten, dem Klima und der Jahreszeit angepassten **Schlafsack** und Ihr eigenes Kopfkissen mit. An Bord sind Daunenschlafsäcke aufgrund ihrer schlechteren Trocknungseigenschaften weniger gut geeignet als Schlafsäcke, die mit Kunstfasern gefüllt sind.

◀ *Lifebelt, in Lifeline eingepickt*

**Checkliste: Ausrüstung für Mitsegler**

- ❑ *Schlafsack*
- ❑ *Kopfkissen*
- ❑ *Ölzeug (Jacke und Hose)*
- ❑ *Gummistiefel*
- ❑ *Bordschuhe (rutschfest und mit heller, abriebfester Sohle)*
- ❑ *Wetterfeste Mütze*
- ❑ *Ggf. Segelhandschuhe*
- ❑ *Arbeitshandschuhe*
- ❑ *Zusätzliche Pullover und Hosen (falls es sehr nass werden sollte)*
- ❑ *Ohrenstöpsel*
- ❑ *Sonnencreme*
- ❑ *Sonnenhut*
- ❑ *Evtl. eigenes Fernglas*
- ❑ *Evtl. eigenes Hand-GPS*
- ❑ *Evtl. eigene Rettungsweste mit Lifebelt (ist normalerweise an Bord)*
- ❑ *Evtl. zusätzliche Seekarten und Seehandbücher (normalerweise an Bord und Sache des Skippers)*

129se Abb.: wk

almanach
Le guide
marine
LA COMPAGNIE
MARÉES
Port Plaisance

Wo bin ich eigentlich?
Navigatorisches

# Grundlagen der Navigation

„Navigation ist, wenn man trotzdem ankommt." Der etwas lockere Spruch beschreibt das Wesentliche: Die Verhältnisse auf See sind in vielerlei Hinsicht wechselhaft und unsicher. Gezeiten und Strömungen, plötzliche Wetterwechsel, eine ungewohnte Umgebung und möglicherweise sogar Seekrankheit machen die Navigation nicht gerade einfacher. Die zwei Hauptfragen des Navigators sind „Wo bin ich?" und „Wie komme ich zu meinem Zielpunkt?"

Zur ersten Frage: Eine **Position** kann auf zweierlei Weise beschrieben werden. Die erste Möglichkeit ist, Abstand und Peilung zu einem schon bekannten Punkt anzugeben, z.B. „Wir befinden uns

▼ *Positionsbestimmung mit Abstand und Peilung (rot) sowie nach Länge und Breite (grün)*

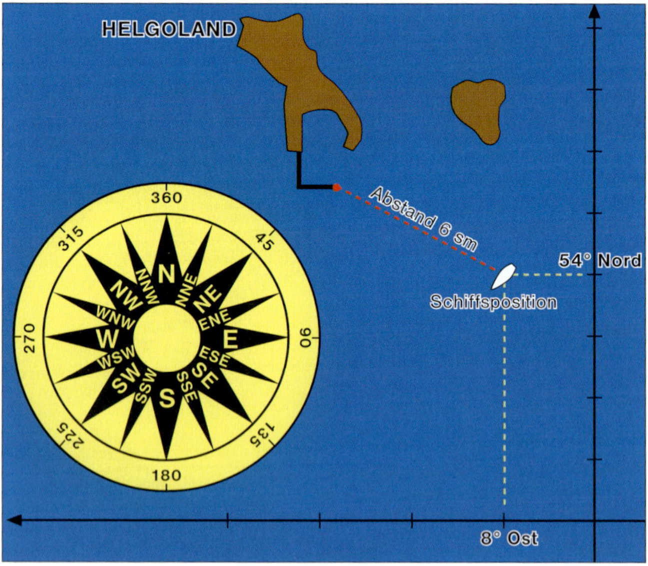

sechs Seemeilen südöstlich des Hafens von Helgoland". Die zweite Möglichkeit ist die Angabe des Standortes in einem Koordinatensystem, das Sie sicherlich aus Ihrem Erdkunde-Unterricht kennen: Position nach geographischer Länge und Breite.

## Die Meridiane (Längenkreise)

Verbindet man auf der Erdkugel den Nord- und den Südpol auf dem kürzesten Wege miteinander, so entsteht ein Halbkreis, der die Länge des halben Erdumfangs hat. Wir gehen bei unseren Überlegungen vereinfachend davon aus, dass die Erde eine perfekte Kugel sei (tatsächlich ist sie ein sog. Rotationsellipsoid, bei dem der Abstand vom Nordpol zum Südpol rotationsbedingt kleiner ist als der Erd-

*Mit dem Gitternetz der geographischen Koordinaten kann jeder Punkt der Erde genau definiert werden*



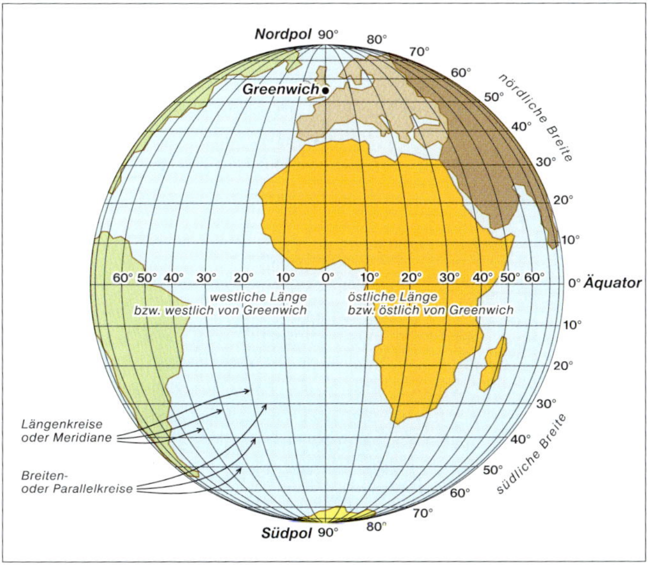


831se Abb.: tb

durchmesser am Äquator). Diese Halbkreise werden als Meridiane oder Längenkreise (eigentlich Längenhalbkreise) bezeichnet. Um sie eindeutig zu kennzeichnen, wird einer dieser Halbkreise als Bezugslinie definiert und ↗Nullmeridian genannt.

Vom Nullmeridian ausgehend, werden nun nach Osten und Westen alle weiteren Meridiane gradweise von 0° bis 180° gekennzeichnet, was dazu führt, dass 180° Ost dasselbe bedeutet wie 180° West. Das Winkelmaß 1° ist ferner per Definition in 60 gleiche Teile, 60 Winkelminuten (kurz: 1° = 60 Minuten = 60') unterteilt und die Winkelminute wiederum in 60 Winkelsekunden (1' = 60"). Folglich gilt: 1° = 60' = 3600". Allerdings ist es in der Navigation nicht üblich, die Länge in Grad, Minuten und Sekunden anzugeben, sondern in Grad, Minuten und Zehntelminuten. Zwei Beispiele: Kiel befindet sich auf etwa 10° 09,5' östlicher Länge, Gibraltar hingegen auf 5°22,3' westlicher Länge.

**Nullmeridian**

*Die Seefahrernation England konnte durchsetzen, dass weltweit anerkannt der Nullmeridian derjenige Längenkreis ist, der durch die Kuppelspitze der Sternwarte von Greenwich (Vorort von London) verläuft.*

*Dies war nicht immer so: Noch im 19. Jahrhundert bestanden zeitlich parallel zueinander verschiedene Koordinatensysteme mit Nullmeridianen durch Madrid, Paris, Berlin ... Navigation mit Nationalstolz!*

## Die Breitenkreise

Während die Meridiane wie Apfelsinenschalen nach oben und unten spitz zusammenlaufen, liegen die Breitenkreise parallel zueinander. Auf den Nordpol oder Südpol geschaut, erscheinen sie als konzentrische Kreise. Der **Null-Breitenkreis** ist der uns vertraute **Äquator,** der größte Kreis. Er steht senkrecht auf den Meridianen. Vom Äquator aus werden die Breitenkreise gradweise nach Norden und Süden gezählt, was bedeutet, dass bei 90° N der Nordpol liegt und bei 90° S der Südpol.

Wie bei der geographischen Länge wird auch die geographische Breite in Grad, Minuten und Zehntelminuten angegeben. Auch hierzu zwei Beispiele: Flensburg befindet sich auf 54° 48,4' Nord, während Kapstadt auf 33°48' Süd liegt.

## Die Seemeile

Die Länge einer Seemeile (Abkürzung: sm) beträgt 1,852 km. Woher kommt dieser „krumme“, fast willkürlich erscheinende Wert? Nun, die Seemeile ist in ihrer Längendefinition keineswegs ein Maß aus vordezimalen Urzeiten. Der Wert von 1,852 km ergibt sich folgendermaßen: Verbindet man entlang eines Meridians zwei Punkte miteinander, die genau 1° Breitenabstand haben, folglich auch 60' Breitenabstand haben, so entspricht deren Abstand in km gemessen 60 mal 1,852 km. Anders gesagt: 1 sm ist die Länge des Bogenstücks auf der Erdoberfläche, das entlang eines Meridianes zwei Punkten mit 1' Breitendifferenz entspricht.

*Definition der Seemeile*





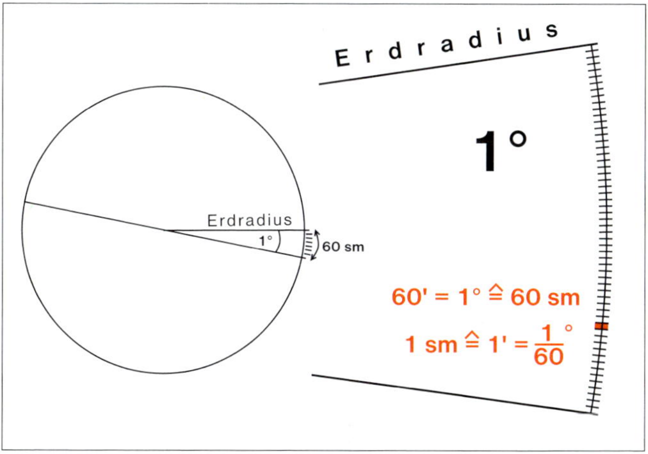

Beispiel: Liegt der Ort X auf 45° N 002° W und der Ort Y auf 46° N und ebenfalls 002° W, so beträgt der Abstand von X nach Y genau 60 sm. Schwieriger ist die Abstandsberechnung, wenn die Orte auch auf verschiedener Länge liegen. Zur Berechnung des Abstandes sind in diesem Fall trigonometrische Kenntnisse notwendig, die hier nicht behandelt werden können.

# Seekarten, Seehandbücher, Hafeninfos ...

## Seekarten

Schaut der Newcomer das erste Mal auf eine Seekarte, so erkennt er auf den ersten Blick lediglich ein verwirrendes Durcheinander von Linien und Zahlen. Das oben behandelte Koordinatensystem findet sich auf der Seekarte folgendermaßen wieder: Am oberen und unteren Kartenrand wird die Länge abgelesen und am rechten und linken Rand die Breite (Vorsicht Verwechslungsgefahr!).

078se Abb.: wk

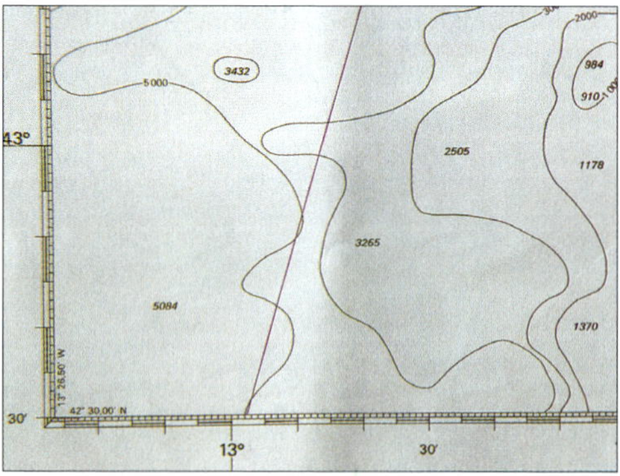


▶ *Rand einer Seekarte mit geographischen Angaben. Linker Rand: 43° nördl. Breite. Unterer Rand: 13° westl. Länge*

Wichtig ist, dass Sie in der Lage sind, die **Strecke einer Seemeile** am Kartenrand abzulesen. Suchen Sie am rechten oder linken Kartenrand nach der Breitendifferenz einer Minute, was ja einer Seemeile Distanz entspricht. In der Praxis greift man für erste grobe Abschätzungen mit dem Stechzirkel den Abstand von 5 oder 10 sm ab.

Es würde zu weit führen, hier sämtliche **Symbole einer Seekarte** zu erklären. Zu diesem Zweck ist es am besten, Sie kaufen sich die so genannte INT-1-Karte im Fachhandel (z.B. ↗HanseNautic GmbH).

**HanseNautic GmbH**
*Herrengraben 31, D-20459 Hamburg, Tel. (040) 374842-0, Fax (040) 37500768, E-Mail: info@hansenautic.de, www.hansenautic.de*

Der Mitsegler sollte in der Lage sein, eine Position nach Länge und Breite zum Beispiel vom GPS in die Karte zu übertragen und anders herum eine gegebene Position der Karte zu entnehmen. Ferner sollte er zu einer gegebenen Position die **Wassertiefe** ablesen können. Hierzu sind auf der Seekarte sog. Tiefenlinien eingezeichnet, die Punkte gleicher Wassertiefe miteinander verbinden. So gibt es z.B. die 5-m-Linie, die 10-m-Linie, die 20-m-Linie, usw. Auch zwischen den Tiefenlinien gibt es einzelne Tiefeneintragungen. Machen Sie sich insbesondere auch mit den Eintragungen für **Untiefen** (Sandbänke und Unterwasserfelsen) vertraut.

080se Abb.: wk

◀ *Entfernungsmessung mit dem Stechzirkel*

## See- und Hafenhandbücher

Nicht alles, was man über das Segelrevier wissen muss, ist der Seekarte zu entnehmen. Klimatabellen, vorherrschende Meeresströmungen und – vor allem – Hafeninformationen entnimmt man dem **Seehandbuch** oder einem **Hafenhandbuch** (zu beziehen über den Fachhandel). Während Seehandbücher meist staatliche Veröffentlichungen sind (in Deutschland vom Bundesamt für Seeschifffahrt und Hydrographie), die nicht zuletzt auch für die Großschifffahrt gedacht sind, werden Hafenführer in der Regel für die Freizeitschifffahrt geschrieben und von privaten Verlagen herausgegeben.

Vor allem beim erstmaligen **Anlaufen eines Hafens** stellt sich der Segler etliche Fragen: Wo befindet sich der Anleger für Gäste? Gibt es im Hafen Trinkwasser und Diesel? Welche Wassertiefen findet man an den verschiedenen Stellen im Hafen (eventuelle Behinderung durch eigenen Tiefgang)? Auf welchem UKW-Kanal wird die Hafenbehörde angesprochen? Wie steht es mit Reparaturmöglichkeiten, Segelmachereien, Einkaufsmöglichkeiten? Ein gutes Hafenhandbuch gibt auf diese Fragen eine Antwort. Ansonsten scheuen Sie sich nicht, einhei-

083se Abb.: wk

▶ *Um den Kurs zu bestimmen, wird der Startpunkt mit dem Ziel verbunden.*

mische Segler anzusprechen. Zwar nimmt leider auch unter den Seglern die Hilfsbereitschaft - wie in der Gesellschaft allgemein - ab, aber man darf immer noch von einem gewissen Grad an traditionell selbstverständlicher Solidarität zwischen den Seefahrern ausgehen.

## Position und Kurs auf der Karte

Eine Position wird - wie oben beschrieben - nach geographischer Breite und Länge angegeben in Grad, Minuten und Zehntelminuten. Beispiel: West-Frankreich, Bretagne, Hafen Etel, Breite 47° 38,0'N, Länge 003° 14,25'W, Breite am rechten oder linken Kartenrand, Länge am oberen oder unteren Rand abgelesen. Sie wollen von dort nach Port Tudy auf der Insel Croix. Um den Kurs zu bestimmen, verbindet man zuerst einmal den Startpunkt geradlinig mit dem Zielpunkt. Nun wird das ↗Kursdreieck genommen und mit der langen Seite (Kursbezugslinie) auf die Kurslinie gelegt.

**Kurs- und Anlegedreieck**

*Für Kursbestimmungen in der Seekarte benötigt man zwei spezielle Dreiecke: das Kursdreieck und das Anlegedreieck. Das Anlegedreieck dient lediglich zum Parallelverschieben des Kursdreiecks. Das eigentliche Ablesen des Kurses geschieht am Kursdreieck*

Navigatorisches

084se Abb.: wk

*◀ Kursdreieck und Anlegedreieck auf der Verbindungslinie Etel - Croix*

▲ *Am Kursdreieck können zwei Winkel am selben Punkt abgelesen werden, die nicht verwechselt werden dürfen!*

Das Kursdreieck wird nun am Anlegedreieck soweit parallel verschoben, bis es mit dem Nullpunkt auf einem Meridian liegt. Der Meridian schneidet die Winkelskala auf dem Kursdreieck, so dass man den Winkel zwischen Meridian und Kurslinie ablesen kann. Leider gibt es dabei ein kleines Problem: Es gibt nicht nur einen, sondern zwei Winkel, die abgelesen werden können. Dies ist allerdings auch logisch, denn das Kursdreieck kann ja nicht wissen, ob Sie von Etel nach Port Tudy oder von Port Tudy nach Etel (Gegenkurs) wollen. Folglich muss eine eindeutige Kursdefinition erfolgen: Kurse werden immer als Winkel zwischen 0° und 360° im Uhrzeigersinn zunehmend abgelesen und eingetragen. Zum Verdeutlichen einige Beispiele:

- Ein Kurs von 45° führt von Südwesten (SW) nach Nordosten (NE). Der Gegenkurs von Nordosten nach Südwesten lautet 225° (= 45° + 180°).
- Ein Kurs von 0° ist identisch mit 360° und verläuft von Süden nach Norden, der Gegenkurs lautet 180° und verläuft von Norden nach Süden.
- Ein Kurs von 202,5° verläuft von Nordnordost (NNE) nach Südsüdwesten (SSW), sein Gegenkurs lautet hingegen 22,5° und verläuft von SSW nach NNE.



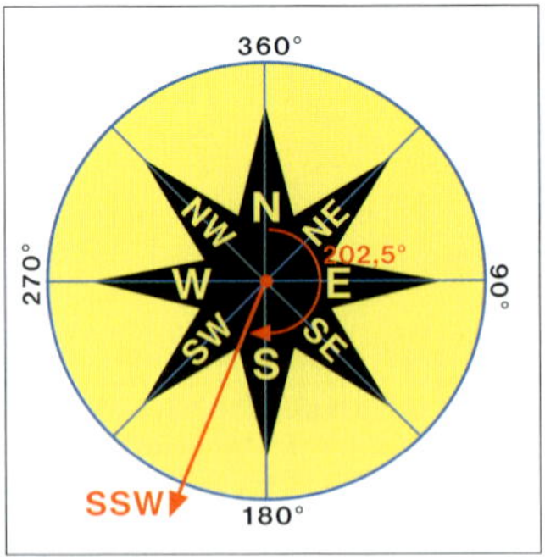


Wenn Sie dies üben wollen, so brauchen Sie natürlich die beiden

Dreiecke in ihren eigenen Händen. Und da sie sowieso die Absicht haben, die Segelei in Zukunft etwas genauer kennenzulernen, kaufen Sie sich die Dreiecke und dazu eine Übungsseekarte (Verkauf über Seekarten-Vertriebsfirmen wie z.B. Hanse-Nautic GmbH, Adresse s.o.).

## Gezeiten und Strömungen

Ob die Stellung des Mondes zwischen Erde und Sonne Einfluss hat auf die Gemütsverfassung oder das Haarwachstum mag umstritten sein, unbestritten hingegen ist die Bedeutung des Mondes für die Seefahrt im Hinblick auf die Änderung des Wasserstandes und der daraus resultierenden Strömungen. Die mondstellungsbedingten Wasserstandsänderungen in großen Gewässern werden **Gezeiten** oder **Tiden** genannt. Die Erscheinung beruht auf der wechselseitigen Anziehungskraft (Gravitation) von Sonne, Erde, Mond und Planeten sowie der Tatsache, dass sich der Mond um die Erde und das System Mond-Erde um die Sonne drehen.

Ein paar notwendige Begriffsbestimmungen: Das Wort **Flut** meint nicht – wie oft landläufig verwendet – den höchsten Wasserstand, sondern den in Westeuropa etwa 6 Stunden dauernden Vorgang des Ansteigen des Wasserspiegels. Der Höchststand und somit das Ende der Flut wird als **Hochwasser** bezeichnet.

Dem Hochwasser folgt die **Ebbe,** das ebenfalls gut 6 Stunden dauernde Abfließen des Wassers. Der am Ende der Ebbe erreichte niedrigste Stand wird als **Niedrigwasser** bezeichnet. Daraus ergibt sich, dass bei relativ hohem Wasserstand durchaus Ebbe herrschen kann und andererseits auch bei niedrigem Wasserstand Flut, was leider umgangssprachlich oft falsch beschrieben wird.

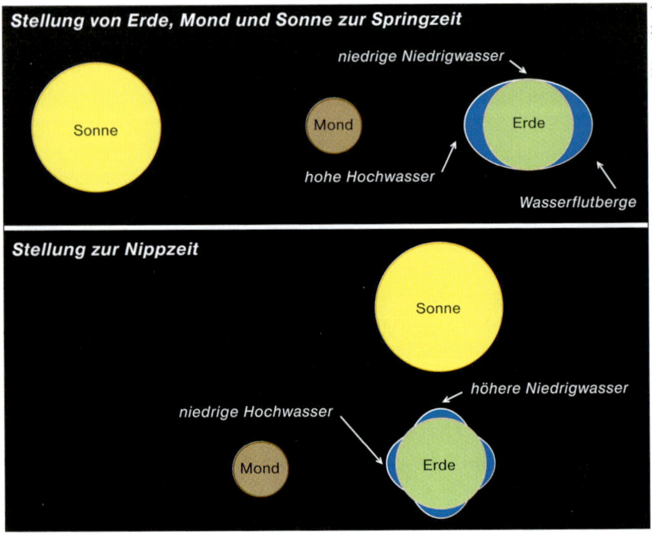


834se Abb.: tb

Die Wasserstandsdifferenz zwischen Hoch- und Niedrigwasser bezeichnet man als **Tidenhub.** Dieser Tidenhub ist aber keineswegs konstant, sondern wechselt täglich in Abhängigkeit der Stellung von Sonne, Erde und Mond zueinander. Stehen die drei Gestirne in annähernd gerader Linie zueinander, also bei Vollmond und Neumond, so entsteht ein besonders großer Tidenhub, eine so genannte **Springtide.** Die Tage, an denen eine solche Konstellation auftritt, bezeichnet man als **Springzeit.** Wenn dann etwa eine Woche später der Mond so zur Erde steht, dass die Verbindungslinien Sonne – Erde – Mond etwa einen rechten Winkel bilden, so zeigt sich der Mond als Halbmond. Es entstehen minimale Wasserstandsänderungen zwischen Hoch- und Niedrigwasser, so genannte **Nipptiden.** Es herrscht **Nippzeit.** Bei genauerer Betrachtung zeigt sich allerdings, dass die maximale Springtide nicht genau

**Warum zweimal Ebbe und Flut am Tage?**
*Der physikalisch kritisch denkende Leser wird nun sagen, dass nach den geschilderten Zusammenhängen in 24 Stunden nur einmal Flut und nur einmal Ebbe auftreten dürften. In der Realität hingegen beobachtet man zweimal Flut und zweimal Ebbe pro Tag. Der scheinbare Widerspruch löst sich folgendermaßen: Der Mond dreht sich zwar um die Erde, doch bleibt diese während der Monddrehung nicht in Ruhe. Der Mittelpunkt der Erde ist nicht das Drehzentrum der Mondbahn. Vielmehr „eiert" die Erde während der Monddrehung um einen gemeinsamen Schwerpunkt des Systems Erde-Mond. Dieser gemeinsame Schwer- und Drehpunkt liegt zwar noch innerhalb der Erde, ist aber in Richtung des Mondes zur Erdoberfläche hin verschoben. Aufgrund der Drehung des Erde-Mond-Systems um diesen gemeinsamen Schwerpunkt kommt es zu Fliehkräften, die vom Drehzentrum radial weggerichtet sind (Zentrifugalkräfte). Sie beschleunigen die beweglichen Wassermassen auf der dem Mond abgewandten Seite nach außen, es entsteht dort eine zweite Wasserkonzentration, ein zweiter Flutberg, folglich ein zweites Hochwasser.*

bei Voll- oder Neumond und die minimale Nipptide nicht exakt bei Halbmond auftritt, sondern etwa zwei Tage verspätet. Diese so genannte **Springverspätung** erklärt sich dadurch, dass die Wassermassen erst mit einer gewissen Trägheit reagieren.

Bei alledem wurde noch nicht berücksichtigt, dass die Bahnen des Mondes um die Erde und der Erde um die Sonne nicht kreisförmig, sondern ellipsenförmig sind, die Abstände zwischen den Himmelskörpern folglich nicht konstant sind. Es ist einleuchtend, dass die gezeitenverursachenden Gravitationskräfte besonders stark sind, wenn Sonne, Mond und Erde einen geringeren Abstand zueinan-

**Gefährliche Seegebiete**
*Auf jeden Fall muss vermieden werden, in einem Seegebiet bei Starkwind zu segeln, wo ein besonders starker Gezeitenstrom gegen den Wind steht. Unter diesen Bedingungen kommt es insbesondere in Passagen zwischen Inseln und vor Kaps zu sehr grober, brechender See, die auch größeren Segelyachten gefährlich werden kann. Berüchtigte Seegebiete hierfür sind z.B. die innere Deutsche Bucht, das Skagerak, die Straße von Dover, Portland Bill in Südengland oder das Raz de Sein in der West-Bretagne.*

der haben, was zum Zeitpunkt der sog. **Tag-und-Nacht-Gleiche** (Äquinoktium) im März und im September der Fall ist. Eine Voll- oder Neumondsituation in dieser Zeit führt somit zu extremen Tiden: besonders hohe Spring-Hochwasser und besonders niedrige Spring-Niedrigwasser.

Für den Segler bedeutet dies, dass er mit besonders starken Oberflächenströmungen rechnen muss. Ihre Richtung und Stärke lässt sich aus so genannten **Strömungsatlanten** entnehmen, doch das ist ein Thema für den Skipper.

# Segeln bei Nacht

Unerfahrene Crews segeln nicht bei Nacht! Stimmt, aber vielleicht sind Sie ja auf einem Überführungstörn mit einem Skipper, dessen Kompetenz das Segeln bei Nacht zu einem ganz besonders bereichernden Erlebnis werden lässt. Nachtsegeln ist gerade für den Segelneuling einerseits prickelnd anregend, kann aber andererseits auch nervlich höchst belastend sein.

## Wachen

Um jedem Crewmitglied genügend Schlaf zu ermöglichen, legt der Skipper in Abstimmung mit der Crew eine **Wacheinteilung** fest, die gewährleisten muss, dass das Schiff jederzeit navigatorisch und seemännisch sicher geführt wird. Unerfahrene

**Verschiebung der Wachzeiten**

*Auf längeren Törns mit mehreren durchzusegelnden Nächten ist es sinnvoll, eine Zeiteinteilung festzulegen, die eine Verschiebung der Wachzeiten beinhaltet. Ein Beispiel:*

*1. Wache 20.00 - 23.00,*
*2. Wache 23.00 - 02.00,*
*3. Wache 02.00 - 05.00,*
*4. Wache 05.00 - 08.00.*

*Bei einer Besatzung mit vier Leuten würde diese Einteilung nicht zu einer Verschiebung führen: Hein und Jan würden immer die erste und dritte Wache gehen, während Sven und Antje sich auf die Dauer beklagen würden, nie in den Genuss des Whiskys bei Sonnenuntergang zu kommen. Eine sinnvollere Einteilung wäre:*

*1. Wache 20.00 - 24.00,*
*2. Wache 00.00 - 04.00,*
*3. Wache 04.00 - 08.00.*

*Der rotierende Wechsel der Wachzeiten wäre für jedes Crewmitglied gewährleistet, und die Schlafzeiten der Freiwache wären eine Stunde länger. Möglicherweise müssen allerdings zusätzlich Bedingungen in der Schiffsführung berücksichtigt werden, die Vorrang haben: Angenommen, unsere Yacht wird voraussichtlich gegen 5 Uhr morgens eine Großschifffahrtslinie bei schlechter Sicht queren, so muss um 5 Uhr jemand in der Wache sein, der mit dem Radar umgehen kann. Vielleicht gibt es auch jemanden an Bord, der sowieso niemals vor Mitternacht einschlafen kann, so dass es auf der Hand liegt, ihn in die erste Wache zu setzen.*

Crewmitglieder sollten somit nur zusammen mit erfahrenen Seglern eine Wache gehen. Der Skipper ist in der Regel wachfrei, muss aber jederzeit – wenn es sein muss, auch 24 Stunden am Tag – zur Verfügung stehen.

Die **Dauer der Wachen** ist abhängig von der Größe der Besatzung und von der Dauer des Törns. Bei den Profis in der Marine sind grundsätzlich Wachzeiten von vier Stunden üblich, doch ist es etwas anderes, ob man auf der geheizten Brücke eines Frachters vier Stunden Ausguck gehen muss oder auf einer Segelyacht bei 7 Windstärken und prasselndem Regen hoch am Wind vier Stunden Ruder geht. Wieder sind die Erfahrung und das menschliche Fingerspitzengefühl des Skippers gefragt, wenn es darum geht, eine der Besatzung und den Umständen angemessene Wacheinteilung festzulegen. Selten ist es notwendig, Wachen von weniger als zwei Stunden Dauer festzulegen. Dies würde die Länge der Schlafperiode für die Freiwache zu stark verkürzen.

Andererseits sollte keine Wache länger als vier Stunden dauern, denn mehr als vierstündige Aufmerksamkeit in der Nacht kann leicht zu Überforderung und in der Folge zu einer bedrohlichen Situation für das Schiff führen.

Die Wacheinteilung ist eine knifflige Aufgabe für den Skipper. Schnell kann die Bordatmosphäre leiden, wenn sich einzelne Crewmitglieder wiederholt benachteiligt fühlen.

## Positionslaternen

Anders als bei Fahrzeugen an Land dient die Beleuchtung des Schiffes bei Nacht auf See nicht dazu, die Umgebung zu beleuchten, sondern lediglich dazu, gesehen zu werden. Zwar sollte jedes Segelboot mit einem starken Handscheinwerfer ausgerüstet sein, um Tonnen, Hafeneinfahrten, andere Schiffe vor Anker oder vielleicht auch eine schlafende Wasserschildkröte anleuchten zu können, aber in der Regel bleibt die Umgebung des Schiffes unbeleuchtet.

Wichtiger ist es, dass das Schiff von anderen Fahrzeugen als Segelyacht, Motoryacht, Fischer oder Frachter in der Nacht identifiziert werden kann. Dazu besitzt jeder Fahrzeugtyp seine eigene **charakteristische Beleuchtung.** Farbe und beleuchteter Sektor einer jeden Lampe (oder Laterne, wie man etwas nostalgisch, traditionell sagt) entsprechen einem international anerkannten Code, der es ermöglicht, bei Nacht nicht nur den Typ des Schiffes, sondern auch den ungefähren Kurs zu identifizieren. So besitzt z.B. eine 10-m-Segelyacht folgende Laternen:

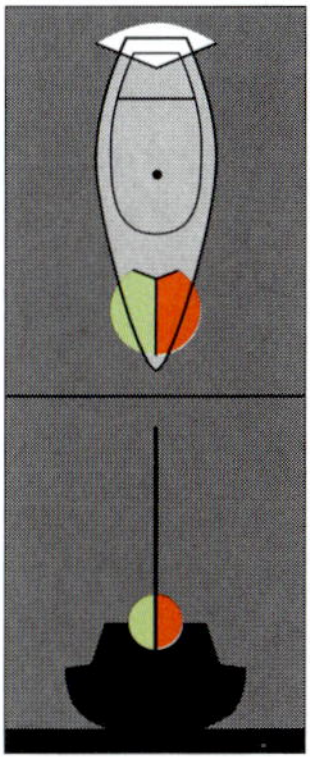

▲ *Abb. A*

- Zwei Buglaternen: backbord rot, steuerbord grün, (die allerdings auch in einer so genannten Zweifarbenlaterne zusammengefasst sein können), dazu gleichzeitig eingeschaltet eine Hecklaterne mit weißem Licht (Abb. A).
- Alternativ zu den beiden Buglaternen in Verbindung mit der Hecklaterne darf unter Segeln auch eine so genannte Dreifarbenlaterne im Masttop gefahren werden, in der rot, grün und weiß jeweils einen Sektor von 120° abdecken (Abb. B). Der Hauptvorteil der Dreifarbenlaterne liegt im deutlich verringerten Stromverbrauch, da statt drei Lampen nur eine einzige leuchtet. Besonders auf einem kleineren Boot ohne Windgenerator oder Solarpaneel ist dies ein wichtiger Gesichtspunkt.
- Für den Fall der Fahrt unter Motor benötigt die Yacht zusätzlich ein so genanntes Dampferlicht: Eine ebenfalls weiß leuchtende Lampe – in der Regel etwa in halber Masthöhe angebracht – die einen Sektor von 225° nach vorn abdeckt (Abb. C).

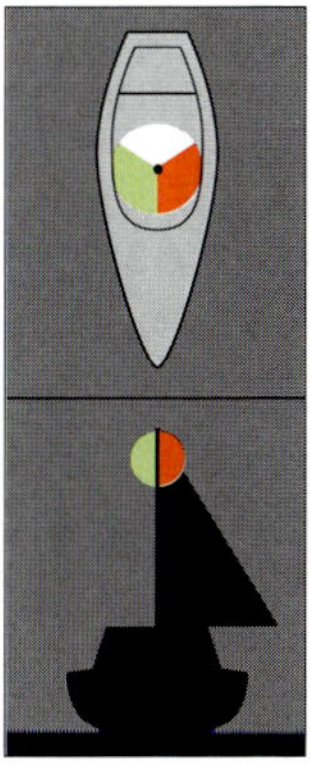

▲ *Abb. B*

837se Abb.: tb

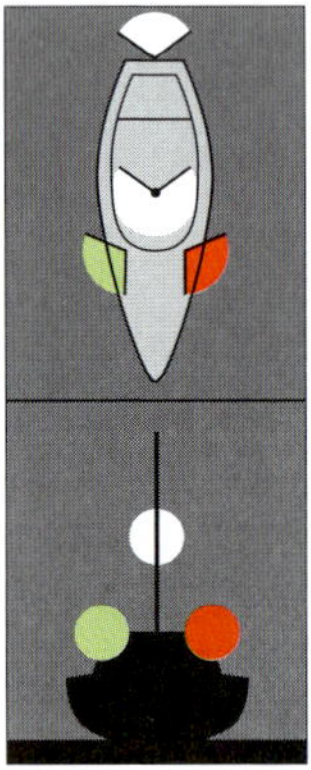

▲ *Abb. C*

**Schiffe bei Nacht identifizieren**

*Um dem Mitsegler die Identifizierung von anderen Schiffen bei Nacht zu erleichtern, folgt eine Übersicht der am häufigsten zu beobachtenden Fahrzeugbeleuchtungen. Die Angaben sind vereinfacht und gelten für Fahrzeuge, die „in Fahrt" sind, d.h. sie treiben nicht ohne Antrieb, sondern sie nutzen ihre Maschine.*

- ***Kleineres Maschinenfahrzeug unter 50 m Gesamtlänge:*** *Beleuchtung identisch mit Motoryacht (Abb. C).*
- ***Größeres Maschinenfahrzeug über 50 m Gesamtlänge:*** *Wie kleines Motorschiff, aber zusätzlich eine zweite weiße Toplaterne, weiter hinten und höher angebracht als die erste (Abb. D).*

838se Abb.: tb

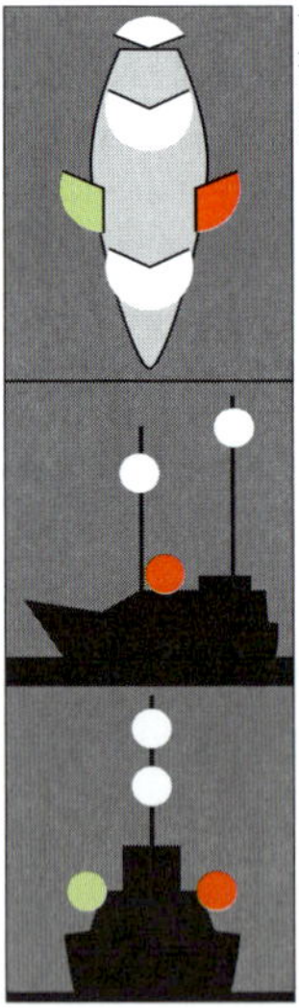

▲ *Abb. D*

839se Abb.: tb

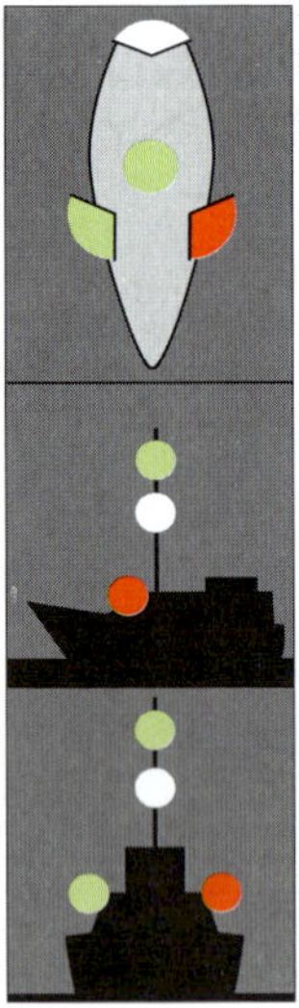

▲ *Abb. E*

840se Abb.: tb

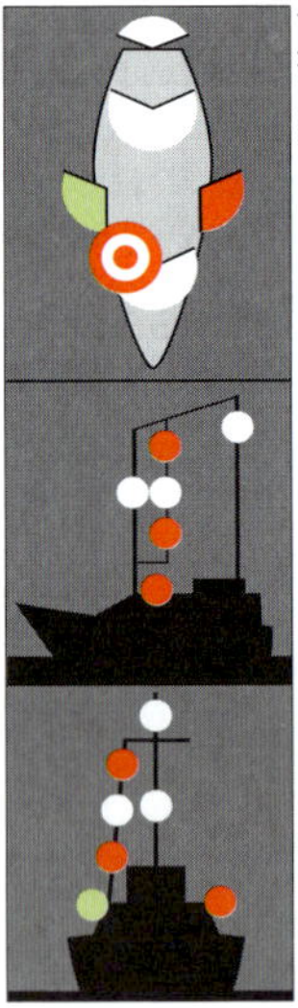

▲ *Abb. F*

841se Abb.: tb

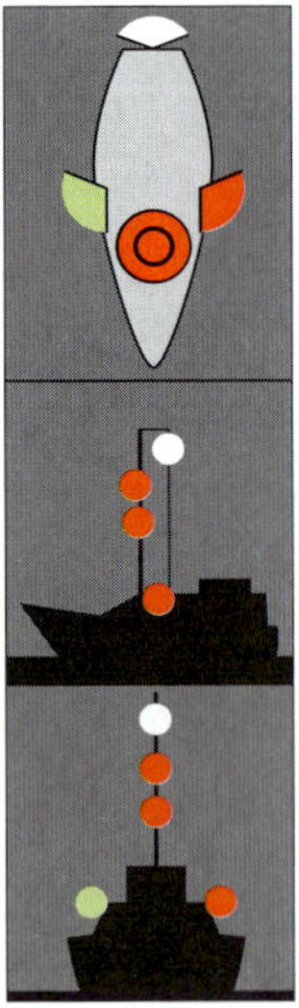

▲ *Abb. G*

- ***Fischereifahrzeug mit ausgebrachtem Schleppnetz*** *(auch Trawler genannt): Wie normales Maschinenfahrzeug, dazu ein grünes Rundumlicht über einem weißen Rundumlicht. Ein Fischereifahrzeug, das nicht fischt, gilt als normales Maschinenfahrzeug (Abb. E).*
- ***Manövrierbehindertes Fahrzeug:*** *Laternen wie ein Maschinenfahrzeug oder Segelschiff, aber zusätzlich drei Rundumlichter senkrecht übereinander in der Reihenfolge rot - weiß - rot (Abb. F).*
- ***Ein manövrierunfähiges Fahrzeug*** *führt zusätzlich zur Backbord-, Steuerbord- und Hecklaterne noch zwei rote Rundumlichter im Mast (Abb. G).*

Die Positionslaternen einer Motoryacht sind mit denen einer Segelyacht, die unter Maschine fährt, identisch. Sobald eine Segelyacht die Maschine laufen lässt, wird sie – unabhängig davon, ob die Segel weiter stehen bleiben oder nicht – rechtlich als Maschinenfahrzeug angesehen, was insbesondere für die Ausweichregeln (s.u.) von Bedeutung ist.

## Radar

Ein auch auf Segelyachten immer häufiger gerade bei Nacht benutztes Hilfsmittel der Navigation ist das Radargerät. Eine sich kontinuierlich drehende Antenne – meist am Mast angebracht – strahlt elektromagnetische Impulse rings um die Yacht ab. Treffen diese Impulse auf ein Hindernis (anderes Schiff, Felsen, Hafenmauer, Tonnen ...), so werden sie reflektiert und treffen mit einer gewissen zeitlichen Verzögerung je nach Entfernung früher oder später wieder auf die Antenne, die somit Sende- und Empfangsfunktion hat. Das reflektierende Objekt wird auf einem Bildschirm je nach Größe als kleinerer oder größerer Lichtpunkt oder Lichtfleck dargestellt. Die Position des auf dem Bildschirm wiedergegebenen Objektes gibt folglich Auskunft über den Abstand und die Peilung.

Gerade die **Abstandsbestimmung** ist bei Nacht ohne Radar nur sehr ungenau möglich. Das Auge unterliegt bei Nacht auf See erheblichen Täuschungen. Und genau dies kann zum Schiffbruch führen: Nehmen wir an, dass wir eine Halbinsel umrunden müssen, vor der sich im Abstand von etwa zwei Seemeilen felsige Untiefen befinden. Um gebührenden Abstand zu halten, wollen wir einen Mindestabstand von drei Seemeilen einhalten. Selbst ohne exakte Kenntnis der eigenen Position ist es mit dem Radar auch bei Nacht und Nebel möglich, den Minimalabstand zu kontrollieren und einzuhalten.

Der wohl primäre Einsatzzweck eines Radars ist jedoch die **Kollisionsverhütung.** Auf dem Radarschirm lässt sich – genügend Erfahrung in der Bildinterpretation vorausgesetzt – erkennen, ob sich in der Umgebung Fahrzeuge oder Objekte befinden, die ein Kollisionsrisiko darstellen. Selbst kleine Yachtradars sind in der Lage, von einem Minimalabstand von 1/8 sm (ca. 230 m) bis zu einem Maximalabstand von 16 sm (ca. 30 km) andere Schiffe auszumachen. Allerdings kommt es bei starkem Regen und hohem Seegang zu Trübungseffekten, die die Nutzungsmöglichkeiten erheblich einschränken können, denn auch Regentropfen und Wellenberge reflektieren die Radarimpulse.

▼ *Radarantenne, darüber Radarreflektor*

069se Abb.: wk

# Ausweichregeln

„Gleich kracht's!" „Ruder hart steuerbord!" „Uff ..., Schwein gehabt, war verdammt knapp!" Das Meer ist groß, aber wie es der Teufel will, müssen - gegen alle Regeln der Wahrscheinlichkeit - die einzigen beiden Yachten weit und breit, die an einem kalten Frühlingsmorgen in der Deutschen Bucht kreuzen, auf Kollisionskurs liegen. Wer muss wem ausweichen? Und wie muss ausgewichen werden?



## Geltungsbereiche

Ich will hier nicht alle denkbaren Situationen beschreiben, sondern mich auf die am häufigsten vorkommenden beschränken. Hinsichtlich der geltenden Regeln müssen zwei **Geltungsbereiche** unterschieden werden:

- Die nationalen Gewässer (Flussmündungen und küstennahe Reviere), in denen die Seeschifffahrtsstraßenordnung (SSSO) gilt, und
- die juristisch international eingestuften Reviere (offene See und nicht als Fahrwasser betonnte Küstengewässer), wo die international anerkannten KVR (Kollisionsverhütungsregeln) Anwendung finden.

Zwischen zwei Segelyachten, die sich auf Kollisionskurs befinden, gelten in beiden Geltungsbereichen die folgenden Regeln:

## Regel 1 bei Segelboot – Segelboot: Backbordbug vor Steuerbordbug

Segelt das eine Segelboot auf Backbordbug (d.h. die Segel stehen an Backbord, der Wind kommt al-

842se Abb.: tb

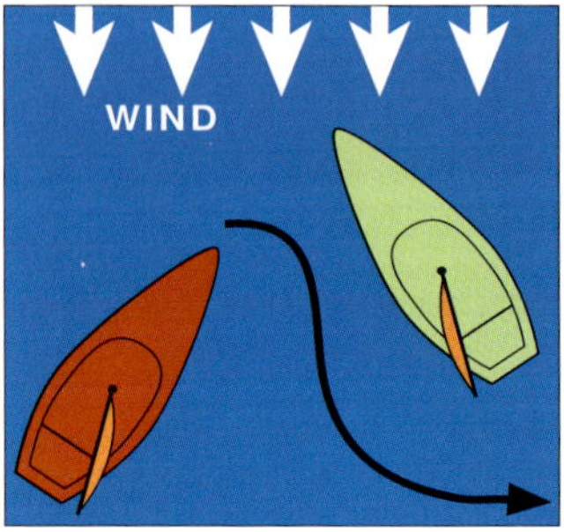


▲ *Backbordbug vor Steuerbordbug*

843se Abb.: tb

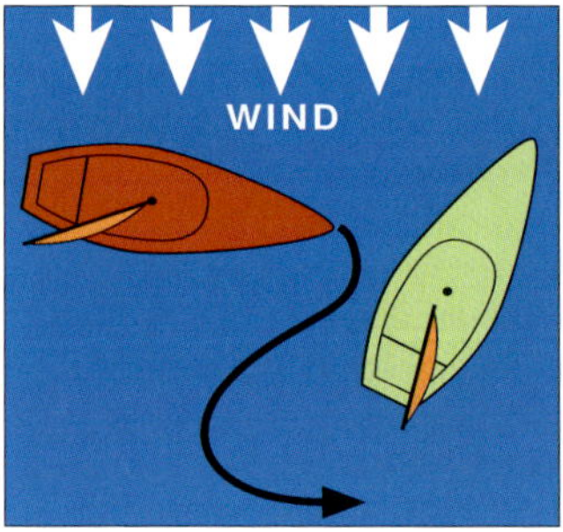


▲ *Lee vor Luv*

844se Abb.: tb

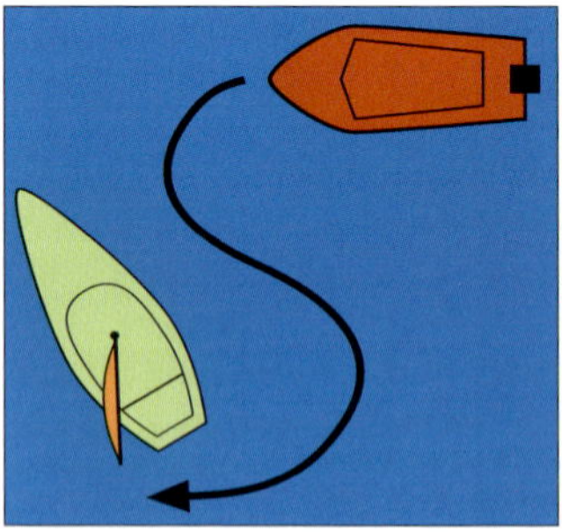

▲ *Segelboot vor Motorboot*

so von Steuerbord) und das andere Segelboot auf Steuerbordbug (die Segel stehen an Steuerbord, folglich kommt der Wind von backbord), so ist dasjenige Boot ausweichpflichtig, das den Wind von backbord hat. Kürzer und einprägsamer formuliert: Das Boot auf Backbordbug hat Vorfahrt vor dem Boot auf Steuerbordbug. Oder noch kürzer: Backbordbug vor Steuerbordbug.

Falls auf einem Boot die beiden Segel nicht auf demselben Bug geschotet wurden (Schmetterlingsstellung), so ist die Stellung des Großbaumes entscheidend: Ein Segelboot mit dem Großbaum an Steuerbord und dem Vorsegel an Backbord gilt als auf Steuerbordbug segelnd.

## Regel 2 bei Segelboot – Segelboot: Lee vor Luv

Falls die beiden auf Kollisionskurs befindlichen Segelboote den Wind von derselben Seite haben, so ist dasjenige Boot ausweichpflichtig, das sich gegenüber dem anderen weiter in Luv (also dem Wind zugewandt) befindet. Kürzer formuliert: Vorfahrt hat das weiter in Lee befindliche Boot. Oder noch kürzer: Lee vor Luv.

## Regel 3: Segelboot vor Motorboot

Begegnen sich ein Segelfahrzeug und ein maschinengetriebenes Fahrzeug im freien Wasser (gilt nicht uneingeschränkt in betonnten Fahrwassern), so ist das Motorfahrzeug dem Segelfahrzeug gegenüber ausweichpflichtig. Kurz: Segelboot vor Motorboot.

Ein Extremfall: Mitten im Atlantik liegt ein kleines, 8 m langes Segelboot auf Kollisionskurs mit einem 300.000 Tonnen Supertanker. Gesetzlich gesehen ist der Tanker verpflichtet, dem Segelboot auszuweichen. Die Realität sieht allerdings anders aus: Ein großer Tanker benötigt für eine deutliche Kursänderung bei 25 Knoten Fahrt mehrere Seemeilen Wegstrecke. Für das Abstoppen aus voller Fahrt benötigt er 5 bis 10 Seemeilen. Folglich ist die sture Anwendung der o.g. Ausweichregel geradezu grotesk. Mit Rücksicht auf die eingeschränkte Manövrierfähigkeit eines großen Fahrzeuges aus der Berufsschifffahrt sollte der Skipper einer Segelyacht unabhängig von der Rechtslage klein beigeben, sonst heißt es in seinem Nachruf: „Er hatte Vorfahrt“.

**Warum Segelboot vor Motorboot?**
*Diese Ausweichregel stammt aus der Wende vom 19. zum 20. Jahrhundert, als Segelschiffe auf den Ozeanen keine Yachten, sondern kommerziell eingesetzte Drei- und Viermaster waren. Ihre Manövrierfähigkeit war natürlich im Vergleich zu den dampfmaschinenbetriebenen Motorschiffen deutlich schlechter.*

## Regel 4: Fischereifahrzeug oder andere manövrierbehinderte Fahrzeuge vor Segelboot

Grundsätzlich weicht ein Segelboot einem fischenden Fahrzeug und allen manövrierbehinderten Fahrzeugen aus. Eine Manövrierbehinderung kann z.B. durch das Schleppen von irgendwelchen Objekten oder durch großen Tiefgang in flacherem Wasser (so genannte tiefgangbehinderte Schiffe) entstehen.

Während die Regeln 1 und 2 sowohl auf hoher See als auch im nationalen Bereich der SSSO gelten, findet die Regel 3 nur im freien Wasser außerhalb des Geltungsbereiches der SSSO Anwendung.

**In Flussmündungen und anderen mit Tonnen gekennzeichneten Fahrwassern hat die Großschifffahrt Vorrang.** Segelboote müssen der professionellen Schifffahrt ausweichen.

**Dies gilt auch in den so genannten Verkehrstrennungsgebieten,** die sich oft auch in internationalen Gewässern befinden. Man könnte sie als eine Art Autobahn für die Großschifffahrt in kollisionsgefährdeten Küstengebieten bezeichnen. So gibt es beispielsweise Verkehrstrennungsgebiete an der deutschen Nordseeküste parallel zu den Friesischen Inseln oder im Ärmelkanal zwischen Dover und Calais. Diese „Schiffsautobahnen" sind zwar nicht immer mit Tonnen gekennzeichnet, aber sie sind auf den entsprechenden Seekarten eingezeichnet. Die Großschifffahrt muss vorgeschriebene Kurse einhalten. Um das Kollisionsrisiko zwischen der Freizeit- und der professionellen Schifffahrt zu minimieren, sind wir „Kleinen" gezwungen, die Bahn der „Großen" möglichst im rechten Winkel zu queren und dabei den „Großen" auszuweichen, also hinter ihrem Heck zu passieren.

Wenn man bedenkt, dass z.B. die Passage zwischen Dover und Calais zwischen Nordsee und Ärmelkanal täglich von bis zu 200 Schiffen befahren wird, so kann der arme Segler, der von Frankreich nach England will, schnell weiche Knie bekommen. Kennen Sie die Geschichte des Kapitäns, der erst beim Anlegen in Vigo/Nordwestspanien bemerkte, dass im Ankergeschirr am Bug seines Frachters die Reste des Riggs einer Segelyacht hingen ...?!

# Betonnung und Befeuerung

Das Meer ist voller Tücken: Sandbänke, felsige Untiefen, Wracks, Korallenriffe ... Die Möglichkeiten, sein eigenes Schiff zu versenken sind zahllos. Erst die Kennzeichnung der Gefahrenstellen durch ↗Tonnen (sprechen Sie nicht von Bojen! Bojen dienen zum Festmachen von Booten oder Netzen!) und ↗Leuchtfeuer, die auch schwersten Winterstürmen trotzen, hat die Zahl der Schiffbrüche deutlich reduziert. Die weitaus überwiegende Zahl der Totalverluste auf See ist nicht im freien Ozean zu beklagen, sondern in Küstennähe, hervorgerufen durch mangelnde Genauigkeit in der Navigation meist in Folge schlechten Wetters.

**Tonnen und Leuchtfeuer**

*Tonnen sind immer schwimmende Seezeichen zur Markierung von Fahrwassern oder Gefahrenstellen, mit oder ohne Leucht- oder Blinkeinrichtung. Leuchtfeuer sind schwimmende oder auch auf Land stehende Seezeichen ebenfalls zur Kennzeichnung von Fahrwassern oder Gefahrenstellen.*

Bei der Betonnung wird zwischen zwei Systemen unterschieden: dem Kardinal- und dem Lateralsystem. Das **Kardinalsystem** kennzeichnet eine einzelne, isolierte Gefahrenstelle. Maximal vier Tonnen, in der Realität häufig aber nur eine einzige Tonne, weisen auf die Lage eines Felsens unter Wasser,

086se Abb.: wk

▲ *Kardinaltonne West*

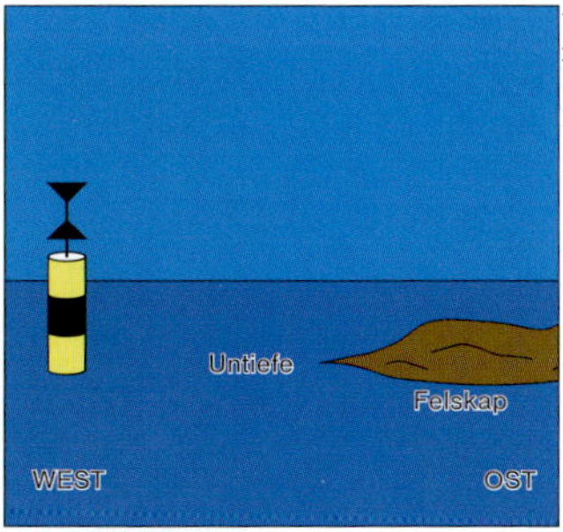


846 Abb.: tb

▲ *Betonnung an Untiefe*

Navigatorisches

**Topzeichen**

*Das Topzeichen einer Kardinaltonne dient dazu, die Lage der Tonne relativ zur Gefahrenstelle (nördlich, südlich, östlich oder westlich) eindeutig auch dann erkennen zu können, wenn die farbige Markierung der Tonne durch Rost oder Möwenkot unerkennbar geworden ist.*
*Die Zeichnung erklärt das System:*
*Die **Nordtonne** ist schwarz-gelb (von oben nach unten gesehen!) lackiert und hat als Topzeichen den Doppelkegel mit beiden Spitzen nach oben.*
*Bei der **Südtonne** ist es genau umgekehrt: Lackierung gelb-schwarz, Doppelkegel mit beiden Spitzen nach unten.*
*Die **Westtonne** ist gelb-schwarz-gelb lackiert und hat einen Doppelkegel mit den beiden Spitzen zueinander (auch Stundenglas genannt) als Topzeichen.*
*Die **Osttonne** ist schwarz-gelb-schwarz lackiert, und die Spitzen der beiden Kegel zeigen voneinander weg (Eselsbrücke: Die Kegel formen annähernd ein O wie Ost).*

845se Abb.: tb

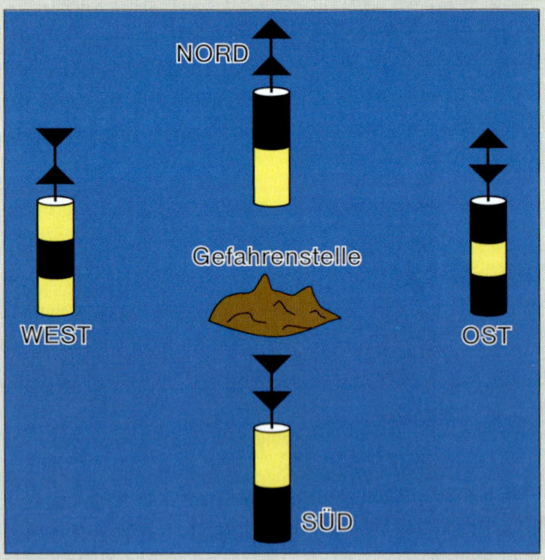

eines Wracks oder einer Sandbank hin. Die Tonnen sind in dreierlei Weise eindeutig gekennzeichnet, durch ihre Farbe, durch die Form ihrer ↗Topzeichen und durch ihre Lichterkennung.

In der Realität findet man normalerweise aus Kostengründen nicht alle vier Tonnen um die Gefahrenstelle, sondern lediglich eine einzige, die so gelegt wurde, dass ein gefahrloses Umfahren gewährleistet ist.

115se Abb.: wk

▲ *Grüne Lateraltonne*

Das **Lateralsystem** dient zur Betonnung von Hafeneinfahrten und Fahrwassern. In Europa, nicht aber weltweit (!) gilt die Konvention, dass von See kommend – somit in die Häfen und Flussmündungen einlaufend – an Backbord rote Tonnen und an Steuerbord grüne Tonnen eingesetzt werden. (Vorsicht: Zum Beispiel in der Karibik ist es genau umgekehrt.)

116se Abb.: wk

▲ *Rote Lateraltonne*

In Europa gilt: Die roten Backbordtonnen sind mit geraden Zahlen von See aus nummeriert, und zwar die erste Tonne mit 2, die zweite mit 4, usw., die grünen Steuerbordtonnen hingegen mit ungeraden Zahlen, die erste 1, die zweite 3, usw. Als Topzeichen haben die grünen Tonnen einen Kegel mit der Spitze nach oben und die roten Tonnen einen Zylinder.

Neben Tonnen und Leuchtfeuern gibt es noch so genannte **Baken.** Sie schwimmen nicht wie Tonnen, sondern sind feststehend direkt auf einer Untiefe (Felsen oder Sandbank) in der Regel gemauert oder als Stahlgerüst auf ein Fundament geschweißt.

125se Abb.: wk

## Ich glaub', ich krieg' den Bootskoller!

# Menschliches

# Törnvorbereitung

Die allgemeine Törnvorbereitung, d.h. Besorgen der Seekarten, der Seehandbücher und anderer nautischer Literatur ist Sache des Skippers. Auch die meteorologische Vorbereitung, d.h. langfristige Wetterberichte einzuholen und dementsprechend die Törnroute festzulegen, geht auf seine Kappe.

**Vorab kennenlernen**
*Schon bevor man sich an Bord trifft, sollten Crews, die sich noch nicht kennen - wenn möglich - an Land ein erstes Mal zusammenkommen, um sich ein wenig zu „beschnüffeln". Das erleichtert das gegenseitige Aufeinander-Einstellen an Bord.*

## Thema Einkauf

„Wo soll der ganze Kram bloß hin?!", drei Einkaufswagen gefüllt mit allem, was fünf Leute während vier Wochen an Bord brauchen (Oder vielleicht auch nicht brauchen?). Je nach Bootsgröße und Törnlänge wird es mehr oder weniger notwendig sein, **Einschränkungen** sowohl beim Einkauf, als auch bei den persönlich mitzunehmenden Sachen hinzunehmen. Es ist sinnvoll, zusammen mit allen Crewmitgliedern und dem Skipper eine **Einkaufsliste** zu erstellen, bei der jeder seine persönlichen Wünsche mit einbringen kann. Niemand sollte das Gefühl haben, bei der Törnvorbereitung übergangen worden zu sein.

**Stauplan**
*Auf längeren Törns ist es sinnvoll, einen Stauplan anzulegen, auf dem exakt die Fächer und Stauräume mit ihrem Inhalt verzeichnet sind, denn die Erinnerung könnte bei 7 Windstärken und Schlafmangel schnell verloren gehen.*

Beim **Stauen an Bord** muss systematisch vorgegangen werden, sonst findet später niemand etwas wieder. Fragen Sie den Skipper, welche Stauräume zur Verfügung stehen und ob er gewohnheitsmäßig bestimmte Dinge an bestimmten Stellen staut.

## Die Bordkasse

Es gibt erfahrungsgemäß nur eine brauchbare Lösung zur Vermeidung von Unstimmigkeiten im Finanziellen: die zu Törnbeginn eingerichtete Bordkasse. Fangen sie erst gar nicht damit an, Einkäufe zuerst selbst zu bezahlen und dann später mit den anderen abzurechnen. Bewährt hat sich vielmehr, dass jeder zu Törnbeginn einen bestimmten Betrag in eine gemeinsame Bordkasse einzahlt, die einem Crewmitglied anvertraut wird. Alle an Bord anfallenden Kosten für Einkäufe, Hafengebühren und Diesel werden daraus beglichen. Und wenn Ebbe in der Kasse ist, wird sie eben zu gleichen Teilen von allen wieder aufgefüllt. Im kommerziellen Chartergeschäft ist es üblich, dass der Skipper davon befreit ist, sich an der Bordkasse zu beteiligen. Restaurantbesuche u.Ä. an Land zahlt am besten jeder selbst aus eigner Tasche (auch der Skipper).



## Trinkwasser

Hinsichtlich des Trinkwassers gilt als Faustregel mindestens fünf Liter pro Tag pro Person, sofern die Tankkapazität dies zulässt.

Der **Wasserverbrauch** auf See muss der gebunkerten Menge angepasst sein. Darum schalten viele Skipper unterwegs die elektrische Druckwasseranlage ab. Dies ist keine Schikane-Aktion gegen die Crew, sondern soll einem übermäßigen Wasserverbrauch vorbeugen. Hoffentlich funktionieren alle mechanischen Fuß- und Handpumpen!

**Wasserqualität an Bord**

*Manche Wassertanks - insbesondere auf Charterbooten - sind hygienisch nicht einwandfrei. Zumindest ist die Wasserqualität oft geschmacklich minderwertig. Kaufen sie in diesem Fall Wasser in Flaschen und stauen es krängungssicher. Zur Wasseraufbereitung gibt es pulverförmige oder flüssige Zusatzstoffe auf Silberionenbasis z.B. von Micropur (im Fachhandel erhältlich).*

## Diesel

117se Abb.: wk

▲ *Diesel-Einfüllstutzen*

119se Abb.: wk

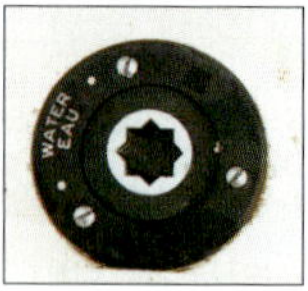


▲ *Wasser-Einfüllstutzen*

Schließlich muss noch Diesel gebunkert werden. Der Tank sollte auf jeden Fall vor dem Auslaufen zu einem größeren Törn aufgefüllt werden. Vorsicht: Manche Hafentankstellen haben zeitweise nicht nur Diesel, sondern auch mehr oder weniger viel Wasser in ihren Tanks (Kondenswasser und Schmutzteilchen). Wenn sie nicht sicher sind, filtern sie den Diesel und überprüfen sie unterwegs die Wasserabscheider in der Dieselleitung. Und noch etwas Wichtiges:

**Es passiert gar nicht so selten, dass unerfahrene Crewmitglieder im Eifer des Gefechts den Zulaufstutzen des Dieseltanks mit dem des Wassertanks verwechseln!** Kommentar überflüssig! Die Stutzen sind zwar gekennzeichnet, aber die Beschriftung ist nicht immer klar lesbar.

# Verantwortlichkeiten

## Der Skipper

**Juristisch** ist die Sache klar: Der Skipper ist derjenige, der als erster zur Verantwortung gezogen wird, wenn etwas schief geht. Dies beginnt mit der Diskussion um die gebunkerte Biermenge und endet möglicherweise mit der Seeamtsverhandlung nach einem missglückten Mann-über-Bord-Manöver, bei dem ein Besatzungsmitglied ertrunken ist.

Der Zustand des Bootes und seiner Ausrüstung, die **Aufgabenverteilung** unter der Mannschaft und natürlich seemännische und navigatorische Entscheidungen hat letztlich allein der Skipper zu verantworten. Er ist es, der entscheidet, ob das Boot und die Besatzung auslaufen kann. Er ist es, der die Konsequenzen einer eventuell von der Crew geforderten Handlung juristisch ausbaden muss.

Ob nach einer Windrichtungsänderung der geplante Zielhafen aufgegeben wird und ein neues Ziel angesteuert wird, sollte natürlich mit der Crew diskutiert werden. Doch wenn es dann möglicherweise zu einer seemännisch gefährlichen Situation kommt, weil der Skipper sich den Willen der Crew hat aufzwingen lassen, so kann er sich nicht damit herausreden, dass er es ja anders geplant hatte. In der Tat muss auf einer Segelyacht unter Umständen in einer Gefahrensituation unter Zeitdruck eine Entscheidung undemokratisch vom Skipper gefällt werden. Aus dieser juristischen Zwangsjacke entsteht bei manch einem Bootsführer ein Rollenverhalten mit autoritär geprägten Käpitänsallüren, die das Zusammenleben an Bord manchmal unerträglich machen können.

Es sind zwei Arten von **autoritärem Verhalten** zu unterscheiden: a) das zur Vermeidung eines Schadens notwendige sachlich autoritäre Auftreten des Skippers und b) der schlechte Skipperstil im Sinne des alles besser wissenden See-Feldwebels.

Zu a): Juristisch gesehen hat der Skipper die alleinige Verantwortung für das Schiff und die Vermeidung von Unfällen. Kommt es allerdings aufgrund der Nichtbeachtung einer Anweisung des Skippers zu einem Schaden, so trägt das Besatzungsmitglied selbst die Verantwortung, sofern der Skipper alles der Situation angemessene getan hat, um den Schaden zu vermeiden.

Zu b): Sofern das Auftreten des Skippers lediglich schlechter zwischenmenschlicher Stil ist und nicht sachlich zur Schadensvermeidung notwendig ist, so sollte der Mitsegler dem Skipper durchaus mit angemessenen Worten klarmachen, dass das Schiff keine Kaserne ist.

## Versicherungen

Versicherungsrechtlich sollten Sie als Crewmitglied prüfen, welche Risiken über ihre eigenen Versicherungen und die des Yachteigners abgedeckt sind. Insbesondere bei einem kommerziell durchgeführten Törn sollten die Yacht und ihr Skipper für die sog. „Mitnahme zahlender Gäste" versichert sein.

Die meisten **Krankenversicherungen** decken einen Unfallschaden an Bord einer Segelyacht ab. Somit ist keine Zusatzversicherung notwendig. Im Einzelfall sollte der Segler sich jedoch bei seiner eigenen Krankenversicherung kundig machen, ob Unfälle während eines Segeltörns abgedeckt sind.

Eine Zusatz-Haftpflichtversicherung des einzelnen Mitseglers ist nicht notwendig. Sinnvoller ist eine von der gesamten Crew beim Vercharterer abgeschlossene **Zusatz-Yachtversicherung** insbesondere für Schäden am Boot (z.B. Kollisionen im Hafen). Diese Versicherung wird in aller Regel zu-

▼ *Erst wenn die Crew harmoniert, wird das Segelerlebnis perfekt*

124se Abb.: wk

sammen mit dem Chartervertrag angeboten und kostet auf den einzelnen Segler umgelegt recht wenig (weniger als 5 % des Charterpreises).

Ob eine **Auslandsreisekrankenversicherung** abgeschlossen wird, sollte vom Fahrtgebiet abhängig gemacht werden. Insbesondere in medizinisch unterversorgten Gebieten sollte man die Möglichkeit des sofortigen Rücktransportes nach Deutschland oder in ein anderes höherentwickeltes Land finanziell absichern. Aufgrund des geringen Preises einer solchen Auslandsreisekrankenversicherung von etwa 10-15 Euro halte ich dies generell für sinnvoll.



# Mit der Mannschaft an Bord

## Aufeinander einstimmen

Ich wünsche ihnen einen Skipper, dessen menschliches Einfühlungsvermögen, aber auch dessen Überzeugungskraft ebenso über jeden Zweifel erhaben sind wie seine seemännischen und navigatorischen Fähigkeiten. Mal angenommen, sie haben dieses Glück, so bleiben doch die Unwägbarkeiten des Zusammenlebens auf engem Raum zwischen Leuten, die sich möglicherweise zum ersten Mal vor dem Boot auf dem Steg im Hafen gesehen haben.

Diese Situation ist bei kommerziellem ↗Kojencharter die Regel. Und fast ebenso häufig kommt es dann nach einigen Tagen zu mehr oder weniger heftigen **Auseinandersetzungen**: Die Anlässe sind vielfältig: individuelle Essgewohnheiten, Zigarettenrauchen, ungewaschene Socken, unüberlegtes Ablegen von persönlichen Dingen,

**Kojencharter – Yachtcharter**

*Kojencharter beschreibt die Charterform, bei der lediglich die einzelne Mitsegelgelegenheit mit einer Koje gebucht wird. Hierbei weiß man in der Regel nicht, wer die anderen Mitsegler sind. Bei der Yachtcharter hingegen wird die ganze Yacht pauschal gemietet, so dass man Einfluss hat auf die Zusammenstellung der Besatzung.*

schlechtes Verstauen der Bootsausrüstung, Schlafmangel usw. Und weil in unserer Gesellschaft die Individualität und das Komfortbedürfnis immer mehr zunehmen, werden zwar auch die Charterboote immer größer, die Probleme bleiben aber dieselben.

**! Gegenseitige Rücksichtnahme ist und bleibt Regel Nummer 1 an Bord.**

Die mit Abstand beste Lösung beim Yachtchartern besteht darin, die **Crew aus dem Freundes- oder Bekanntenkreis** zusammenzustellen. Dann wissen Sie, worauf Sie sich einlassen. Klären sie von vorneherein neuralgische Punkte wie Rauchen, Alkoholkonsum, Schlaf- und Essgewohnheiten unter sich.

Jedes Besatzungsmitglied kommt mit bestimmten Wunschvorstellungen im Hinblick auf seinen Einsatz in der Crew an Bord. Um zu gewährleisten, dass niemand enttäuscht wird, sollten alle zu Beginn des Törns ihre persönlichen Wünsche und Erwartungen offen aussprechen, was letztendlich auch dem Skipper die Aufgabenverteilung auf die Crew erleichtert. Sagen sie dem Skipper, was sie gern an Bord tun würden und was ihnen vielleicht Sorge macht oder sogar Angstgefühle hervorruft.

## Angst

Angst, ein echtes Problem an Bord. Im Sinne eines unbeherrschten Gefühls der Bedrohung führt sie zu Fehlhandlungen. Der aufmerksame Skipper merkt früh genug, wenn ein Crewmitglied unsicher wird und greift entsprechend ein. Meist ist es der **hohe Seegang,** der insbesondere Segelneulingen bedrohlich erscheint. Aber erst eine wirklich über das Schiff brechende See ist wirklich bedrohlich. Eine sieben Meter hohe Dünung mitten im Atlantik mit

▲ *Mit eingepicktem Lifebelt fühlt man sich sicher*

200 Meter Abstand zwischen den Wellenbergen wirkt zwar mehr als eindrucksvoll, ist aber lange nicht so gefährlich wie eine vier Meter hohe, steile, rollend brechende Welle im Skagerak bei Wind gegen Strom. Picken sie ihren Lifebelt in ein festes Decksauge ein und lassen sie den Skipper doch mal die Lage beurteilen. Er wird es vermutlich verstehen, sie zu beruhigen. Nur ein schlechter Skipper nimmt ein verängstigtes Besatzungsmitglied nicht ernst und erzählt vielleicht auch noch Horrorgeschichten.

Noch mehr Angst: Zum Glück geschieht es extrem selten, dass Yachten vom Sinken bedroht sind, doch ist dies die klassische Situation für Fehlhandlungen in **Panik.** Nicht jede Kollision mit einem Baumstamm oder einem schlafenden Wal führt gleich zum Sinken. Nicht jeder Wassereinbruch durch ein beschädigtes Toilettenventil ist Grund, in die Rettungsinsel zu gehen. Nicht jede Welle, die im Sturm die Plicht überflutet und den Niedergang hinunterrollt, lässt die Yacht kentern. Und dennoch waren es gerade diese Situationen, in denen Segler ertrunken sind, weil sie in Panik zu früh in die vermeintlich schützende Rettungsinsel gegangen sind. Die Mehrzahl der 1979 im berüchtigten Fastnet-Sturm ertrunkenen Segler verloren ihr Leben beim Versuch, in die Rettungsinsel zu gehen. Ihre Yachten wurden am Tage nach dem Sturm zwar teilweise manövrierunfähig, aber dennoch schwimmend gefunden. Hätten die Segler die Nerven behalten und wären an Bord geblieben, hätten sie vermutlich den Sturm überlebt.

# Maritime Bräuche und Traditionen

Seefahrt ist in allen Ländern stark gewohnheits- und traditionsgeprägt. In technischen Bereichen hat dies vermutlich unter anderem damit zu tun, dass auf See ein zu hohes Maß an Experimentierfreudigkeit in einer Extremsituation schnell zu einer das Schiff oder die Mannschaft bedrohenden Situation führen kann.

## Flaggenetikette

Die Traditionspflege erstreckt sich auch auf Bereiche, die nichts mit Sicherheitsfragen zu tun haben, wie z.B. die Flaggenetikette. Übrigens: In der Seefahrt spricht man nicht von Fahnen, sondern von Flaggen. Folgende Konventionen sind international üblich:

Die **Nationalflagge** wird auf einem Schiff mit nur einem Mast (Sloop, Kutter) möglichst an einem kleinen Flaggenmast im Heck gefahren. Bei einem Schiff mit zwei Masten (Ketsch, Yawl) befindet sich die Nationale üblicherweise im Top des achteren Mastes.

088se Abb.: wk

▶ *Die Flagge des Gastlandes unter der Steuerbord-Saling*

Befindet sich das Schiff im Ausland, so ist es üblich und ein Zeichen von Respekt, eine so genannte **Gastlandsflagge** zu setzen. Der richtige Platz dafür ist auf der Steuerbordseite unter der Saling.

Zusätzlich werden in letzter Zeit immer häufiger auch **Regionalflaggen** (z.B. in Frankreich in der Bretagne oder in England in Cornwall) gesetzt. Es ist Brauch, diese Flaggen direkt unter der Gastlandsflagge zu fahren.

Darüber hinaus setzen manche Segler gern **Clubflaggen** oder auf einer längeren Reise die Flaggen der Länder, die sie besucht haben. Man sollte diese, wenn überhaupt, unter der Backbordsaling hissen.

## Grußformen

Begegnen sich zwei Schiffe auf See oder in der Hafeneinfahrt, so ist es eine Geste der Freundlichkeit und Höflichkeit, sich gegenseitig durch ein Hand- oder Armzeichen zu grüßen. Leider geht diese kleine Aufmerksamkeit gerade im Hochsommer unter den Besatzungen von Charterbooten mehr und mehr verloren.

## Benehmen im Hafen

! **Beim An- oder Ablegen** sollte nicht lautstark herumgerufen werden. Ein guter Skipper bespricht alle für ein erfolgreiches Manöver notwendigen Details zuvor mit seiner Mannschaft, so dass hektische Schreierei während des Manövers an Deck überflüssig wird. Und auch wenn dann einmal eine geworfene Festmachleine im Wasser landet, so hilft kein Schreien, sondern nur schnelles Handeln. Sofern ihr Skipper keine klare Rollenverteilung vorgesehen hat, fragen sie ihn nach seinen Vorstellungen vom anstehenden Manöver.

032se Abb.: wk

▲ *Beim Liegen im Päckchen ist Diskretion erforderlich*

In vielen Häfen ist es insbesondere in der Hochsaison notwendig, **im Päckchen festzumachen.** Es lässt sich nicht immer vermeiden, dass eine größere Yacht an einer kleineren längsseits geht (wenngleich dies die Ausnahme bleiben sollte), aber das frühzeitige Ausbringen von Fendern in ausreichender Zahl und Größe auf der ankommenden Yacht sollte selbstverständlich sein. Beim Festmachen an der anderen Yacht sollte grobes Herumpoltern, Stolpern und Geräuschentwicklung an deren Decksbeschlägen vermieden werden. Insbesondere gilt dies natürlich beim Festmachen während der Abend- oder Nachtstunden, wenn die Besatzung der anderen Yacht schon in ihren Schlafsäcken die Leiden der Seefahrt in Träumen verarbeitet.

Wenn möglich sollten die im Päckchen liegenden Yachten so festgemacht sein, dass der Bug der einen am Heck der anderen liegt. So ist eine gewisse **Diskretion** gewahrt.

! Auf jeden Fall sollte vermieden werden, auf dem Weg zum Steg über das Deck der innenliegenden Yacht durch deren Plicht (Cockpit) zu gehen. Es ist mehr als ein Gebot der Höflichkeit, die weiter innenliegenden Yachten **vor dem Mast über das Vordeck** zu passieren. Achten Sie darauf, dass Sie nicht über Decksbeschläge, Bäume, Lifelines, Lüfter usw. stolpern.

# Körperliche Anforderungen

## Kondition und Fitness

Seesegeln kann mitunter sehr anstrengend sein. Zwischen Happy-Summer-Sailing bei 3 Windstärken mit einem Apéritif in der Hand im Juni in Südfrankreich und einer Überquerung des Ärmelkanals im März von Cherbourg zur Ile of Wight liegen wahrhaft Welten.

Wer auf einer Segelyacht mehrere Tage mitsegelt riskiert naturgemäß, unter Umständen in schlechtes Wetter zu geraten. Und dies hat möglicherweise Konsequenzen, die eine körperlich zumindest mittelmäßig **gute Kondition** erfordern. Schwergewichtige oder allgemein sportlich untrainierte Menschen haben häufig Probleme, sich in bewegter See an Deck geschickt genug zu bewegen. Zwar erleichtern Rollanlagen für Vor- und Großsegel heutzutage die Segelhandhabung, aber es gibt andere Situationen, in denen eine gewisse Behändigkeit wichtig ist. Bricht z.B. eine etwas größere Welle unter dem Boot gerade beim Dichtholen einer Fockschot bei viel Wind und viel Krängung, so kann selbst ein geübter Segler leicht aus dem Gleichgewicht geworfen werden. Zwar sind solche Situationen zum Glück eher die Ausnahme, aber sie sind nie ganz auszuschließen. Folglich gehört zum Seesegeln nicht nur eine sportliche Grundhaltung, sondern auch eine gewisse Fitness und ein funktionierender **Gleichgewichtssinn.**

## Schlafen an Bord

Weiter oben wurde bereits über **Schlafmanagement** im Hinblick auf die **Wacheinteilung** gesprochen. Der Skipper organisiert die möglichen Schlafintervalle. Ob der Segler in der Freiwache wirklich schläft, hängt nicht zuletzt von ihm selbst ab. Manche Menschen haben die Fähigkeit, geradezu auf Befehl abzuschalten und fallen schnell in einen erholsamen Schlaf. Andere werden durch die kleinsten ungewohnten Geräusche am Schlaf gehindert. Normalerweise wird auf einem Küstentörn im Hafen oder vor Anker geschlafen, so dass eine Wacheinteilung überflüssig wird. Auf jeden Fall sind ein guter Schlafsack, ein angenehmes Kopfkissen und evtl. auch Ohrenstöpsel notwendig.

! Klären sie mit dem Skipper vor der Reise, ob Durchsegeln bei Nacht geplant ist, und fragen sie sich selbst, ob sie in der Lage sind, kurzfristig ihre Schlafgewohnheiten zu ändern.

089se Abb: wk

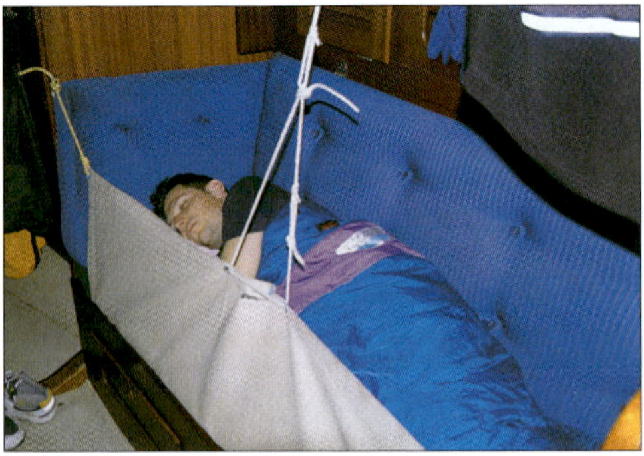

▶ *Schlafkoje mit Leesegel*

! Seien Sie vorsichtig mit medikamentösen Schlafmitteln. In Nächten mit Wacheinteilung müssen Sie vielleicht nach vier Stunden Freiwache wieder an Deck und die Wirkung der Schlaftabletten ist dann möglicherweise noch nicht abgebaut.

## Seekrankheit

Eine eher ungewollte Form des Schläfrigwerdens entpuppt sich als Vorstufe von Seekrankheit.

Die Seekrankheit ist eine in ihren Ursachen und in ihren Ausprägungsformen individuell äußerst unterschiedlich verlaufende Form des Unwohlseins. Von leichter Übelkeit bis zu Selbstmordabsichten ist alles möglich. Manche Segler leiden schon bei sanften Rollbewegungen, andere beginnen ihr Neptunsopfer erst bei grober See und wild stampfendem Schiff, manche erwischt es nie.

Der erfahrene Skipper sieht es seiner Besatzung schon recht früh an, ob bald ein Magen entleert wird. Bei allen beginnt es mit leichter Müdigkeit. Die Gesprächsfreudigkeit lässt nach, die Gesichter werden fahl und bald neigt sich der erste über Bord (hoffentlich auf der Leeseite!).

! Da der Leidende meist selbst nicht mehr daran denkt, sollte der Skipper oder ein anderes Besatzungsmitglied dafür sorgen, dass der „Spuckende“ angeleint ist. Falls er keinen Lifebelt trägt, sollte man ihn zumindest vorübergehend mit dem Ende einer Schot festbinden.

Es sollte selbstverständlich sein, dass sich die nicht seekranken Segler mehr oder weniger lustig gemeinte Bemerkungen über Seekrankheit oder Essen im Allgemeinen verkneifen.

Auslösendes Element ist zwar in allen Fällen die **Schiffsbewegung,** doch gibt es dafür keine Gesetzmäßigkeiten. Der eine verträgt kein kurzes Stampfen (Bewegung des Bootes in Längsrichtung), der andere leidet eher bei Rollbewegungen (periodisches Neigen des Bootes zur Seite). Glücklicherweise ist die Seekrankheit keineswegs eine bei Bootsbewegung zwingend auftretende Erscheinung. Es macht keinen Unterschied, ob Sie ein Anfänger oder ein erfahrener Segler sind, die Anfälligkeit für Seekrankheit ist eher abhängig vom mehr oder weniger zufälligen Tagesbefinden.

**Rudergang gegen Seekrankheit**

*Eine relativ sichere Methode, die Übelkeit zu bekämpfen, besteht darin, das Ruder zu übernehmen. Der Blick auf den Horizont in Verbindung mit einer wichtigen Aufgabe an Bord lässt bei vielen Seglern die Übelkeit verschwinden, bzw. gar nicht erst auftreten. Wenn sie wissen, dass sie empfindlich sind, so bitten sie den Skipper, das Ruder übernehmen zu dürfen. Kauen sie ein paar Kekse und trinken sie hin und wieder einen Schluck Wasser.*

Erfahrungsgemäß fördern folgende Umstände das Eintreten der Übelkeit: Schlafmangel, Zecherei am Vorabend, schwerverdauliche Nahrung und – nicht zuletzt – mangelndes Vertrauen in Schiff oder Schiffsführung. Verunsichernde Faktoren wie Wetterverschlechterung oder navigatorisch problematische Gewässer verstärken ebenfalls die Opfergabe über Bord.

Medizinisch wird allgemein eine mangelnde Übereinstimmung zwischen optischer und visueller Wahrnehmung als **Ursache** für die Seekrankheit genannt. In der Tat erkranken Segler besonders leicht unter Deck am Kartentisch oder beim Anziehen des Ölzeugs. Andererseits hilft es manchen wiederum, sich bei Übelkeit in der Salonkoje auf der Leeseite langzumachen und die Augen zu schließen.

**Medikamentöse Hilfen** gibt es in verschiedener Form: Ein weit verbreitetes Mittel ist Stutgeron, eine Tablette, die eigentlich als Kreislaufmittel entwickelt wurde, die sich aber an Bord zur Vorbeugung bewährt hat. Verbreitet ist auch das kleine Medikamentenpflaster hinter dem Ohr, das den Wirkstoff langsam über die Haut eindringen lässt. Mögliche Nebenwirkungen sind Schläfrigkeit und leichte Sehstörungen. Vorsicht also, sofern sie navigatorische Entscheidungen zu treffen haben oder als Ausguck eingesetzt sind!

Neuere Studien belegen, dass der Stoff Histamin in Lebensmitteln das Auftreten der Seekrankheit begünstigt. Vermeiden Sie darum bei Empfindlichkeit z.B. Schweizer Käse, Rohwurst, Sauerkraut, alkoholische Getränke, Thunfisch und Spinat. Ferner wird angenommen, dass hoch dosiertes Vitamin C das Auftreten der Seekrankheit hemmt.

## Segeln mit Familie und Kindern

Familiencrews sind eher selten. Dies muss aber keineswegs bedeuten, dass Familiensegeln eher problematisch ist. Es stimmt, dass häufiger die Väter als die Mütter die Idee zu einem Urlaub an Bord einer Segelyacht haben, doch das Gelingen eines Familientörns ist in erster Linie eine Frage der Auswahl des Segelreviers, des Bootstyps und der Jahreszeit.

**Grundvoraussetzung** ist natürlich, dass alle Familienmitglieder, ohne dazu überredet werden zu müssen, ein lebendiges Interesse an maritimer Urlaubsatmosphäre haben. Die Kinder sollten schon mindestens drei bis vier Jahre alt sein, um am Bordleben auch aktiv teilnehmen zu können. Beispiel: Papa möchte am liebsten einen Seetörn mit Nachtsegeln, nimmt aber Rücksicht. Die Mutter segelt zwar ganz gern, allerdings nicht den ganzen Tag lang und schon gar nicht bei Nacht. Und die beiden Kinder, vier und sieben Jahre alt, möchten am liebsten am Strand spielen oder von einem kleinen Boot aus angeln.

091se Abb.: wk

▶ *Für Kinder gibt es an Bord viel zu entdecken*

! Meilenfressen ist tabu! Auch wenn Daddy ein engagierter Segler ist, der noch 2000 Seemeilen in seinem Logbuch braucht für den nächsten Segelschein.

Das **auszuwählende Revier** sollte in vielerlei Hinsicht abwechslungsreich sein: Marinas mit guten Versorgungsmöglichkeiten, Fischerhäfen, die nach Teer und Tang riechen, Ankerbuchten mit schönen Sandstränden, Stadthäfen mit Geschäften, Museen und Ausstellungen, alles sollte innerhalb kurzer Zeit erreichbar sein. Die dänische Südsee oder die französische Südbretagne kämen beispielsweise als Reviere in Frage.

Hinsichtlich der **Jahreszeit** ist klar, dass zuviel Regen und stürmischer Wind möglichst ausgeschlossen sein müssen. In Europa heißt dies folglich Mai bis September, je nach Revier (s. dazu Kapitel Segelreviere).

Das Schiff – es wird wohl in den meisten Fällen eine Charteryacht sein – sollte möglichst eine nicht zu kleine **Vorschiffs- und Achterkajüte** besitzen, um den Kindern und den Eltern jeweils einen abgetrennten Lebensbereich zu bieten. Eine Bootslänge von ca. 10 bis 11 m scheint sinnvoll.

Wichtig: Das **Beiboot.** Es wird nicht nur gebraucht, um in Ankerbuchten an Land zu kommen, sondern dient nicht zuletzt den Kindern als Entdeckungs- und Angelplattform.

! Das Boot sollte mit Beschlägen ausgerüstet sein, in die Sie **Sicherheitsleinen einklinken** können. Gerade mit kleinen Kindern ist es wichtig, dass Sie sie bei Seegang sichern können, um ein Überbordgehen zu verhindern. Ob die Kinder grundsätzlich Rettungswesten tragen, sollten die Eltern entscheiden.



## Kochen an Bord

Segeln macht hungrig (Zeiten mit Seekrankheit einmal ausgenommen), also ist die Pantry, auf größeren Schiffen auch Kombüse genannt, von zentralem Interesse.

Problem Nummer 1: **Bei Seegang** fliegt alles, was nicht niet- und nagelfest ist, durch die Gegend.

! Verstauen sie Lebensmittel, Geschirr und Besteck so, dass es auch bei groben Bootsbewegungen und starker Krängung nicht aus seinen Stauräumen fallen kann. Schubladen und Türen müssen auch dann verriegelt werden, wenn momentan noch nicht mit heftigen Bewegungen zu rechnen ist. Wenn die Krängung kommt, ist es zu spät.

Problembereich Nummer 2: **Der Herd und sein Brennstoff.** Die Kochstelle, auf mittelgroßen und größeren Schiffen ein Herd mit zwei bis drei Brennstellen und Backofen, muss kardanisch aufgehängt sein, um auch bei Krängung noch benutzbar zu bleiben. Wird der Herd **mit Gas betrieben,** ist die flexible Zuleitung ständigen Bewegungen ausgesetzt und kann folglich reißen.

**Den Gashahn in Herdnähe bei Nichtgebrauch immer schließen!** Es sollte ein Sicherheitsventil installiert sein, um bei unkontrolliertem Ausströmen von Gas eine Explosion zu verhindern.

Andere Brennstoffe wie **Petroleum oder Diesel** sind hinsichtlich der Explosionsgefahr weniger problematisch, doch ist die Handhabung des Kochers oft durch Vorheizen erschwert. Machen sie sich als Mitsegler auf jeden Fall gut mit der Funktion des

▼ *Der Herd bei Krägung*

093se Abb.: wk

Herdes vertraut. Und wenn sie darüber hinaus nicht nur die technische Bedienung der Pantryeinrichtung beherrschen sondern auch noch das kulinarische Leben an Bord mit eigenen Ideen im Kochtopf bereichern, so ist ihnen die Sympathie von Skipper und Besatzung sicher.

Und dann wäre da noch ... der ungeliebte **Abwasch!** Dass der Koch nicht auch gleichzeitig den Abwasch machen muss, hat sich wohl inzwischen herumgesprochen. Ein Rotationsverfahren bei dieser ungeliebten Arbeit bewährt sich. Ein kleines Detail, das auf See äußerst störend sein kann: Ungespültes Geschirr, das bei Seegang in der Spüle hin- und herpoltert.

**Rezepte für gute Laune**

*Eine Kleinigkeit, die bei jedem Skipper gut ankommt: Bringen sie auf den Törn ein paar eigens ausgewählte Gewürze und zwei oder drei dazu passende Kochrezepte mit! Ich garantiere Ihnen drei Sterne für die Bordatmosphäre!*



## Problemzone Klo

Ein Thema, das in der Segelliteratur meist ignoriert wird: die Bordtoilette.

Segelyachten sind inzwischen zu echten High-Tech-Maschinen geworden: Kevlar-Segel, Carbon-Masten, computerberechnete Rumpfformen, Satellitennavigationssysteme, Solarzellen ... Nur eines fehlt meist: Die einfach zu bedienende, zuverlässig funktionierende Toilette. Selbst auf Segelyachten aus Werften mit hohem Qualitätsniveau werden Toiletten eingebaut, deren Funktion alles andere als zuverlässig ist, kurzum: Sie verstopfen.

Gerade auf Charterschiffen mit wechselnder Besatzung sollte eine gute Bordtoilette selbstverständlich sein; doch das Gegenteil ist der Fall. Handpumpen mit schnell verschleißenden Dichtungen und Ventilen, Ablaufschläuche mit zu geringem Durchmesser und Beckenbefestigungen, die bei einem härteren Schlag in grober See abbrechen, sind eher die Regel als die Ausnahme.

Als Konsequenz hängt auf vielen Schiffen über der Toilette ein kleines Schildchen mit der Bitte, sein Geschäft doch möglichst an Land im Hafen zu erledigen, und wenn es denn an Bord sein muss, so sollte der Benutzer auf keinen Fall Papier oder gar härteres hineinwerfen. Ein kleiner, selten sehr hygienischer Eimer neben der Toilette dient mehr oder weniger geruchsintensiv als Papiersammler, um Verstopfungen zu vermeiden.

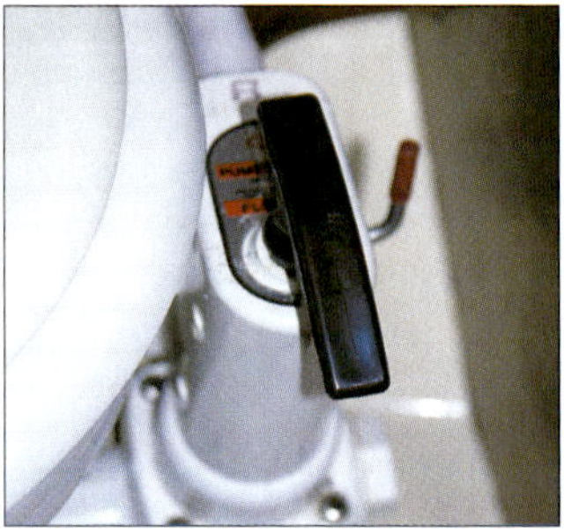

095se Abb.: wk

▲ *Die Toilettenpumpe*

Die **Funktionsweise** ist im Prinzip bei allen Toiletten ähnlich: Frisches Seewasser wird durch ein Seeventil im Rumpf angesaugt und der Beckeninhalt über eine Handpumpe (seltener eine Elektropumpe) über ein zweites Seeventil wieder nach außen abgepumpt. Die meisten Toiletten haben zusätzlich einen kleinen Hebel an der Handpumpe, der zwischen dem Einpumpen von Frischwasser und dem Abpumpen umgelegt werden muss.

Die beiden **Seeventile** sollten bei Nichtgebrauch, insbesondere auf See, geschlossen sein. Jedes Crewmitglied muss die Position dieser Seeventile kennen.

**!** **Lassen Sie sich vor Törnbeginn die Toilettenfunktion erklären,** um unterwegs geruchsintensive Überraschungen zu vermeiden. Den undankbarsten Job an Bord hat derjenige, der das Innenleben der Toilettenpumpe am besten kennt und das ist in der Regel ... der Skipper! Ersparen sie ihm den Beweis seiner Kompetenz in diesem Bereich!

# Umweltschutz

Segeln, der Weiße Sport? Ganz so weiß geht (oder ging es in der Vergangenheit) nicht immer zu. Die Unterwasserbereiche des Bootsrumpfes wurden bis in die 1990er Jahre mit hochgiftigen Anstrichen (sog. Antifoulings) versehen, um ↗Bewuchs mit Algen und Muscheln zu verhindern. Heutige **bewuchshemmende Anstriche** mit Teflon- oder Silikonanteilen als Ersatz für die Gifte der letzten Jahrzehnte belasten das Wasser zwar deutlich weniger, doch aufgrund des momentan noch unvermeidlichen Kupferanteils (ein Ersatz wurde noch nicht gefunden) kann noch nicht von uneingeschränkter Umweltverträglichkeit gesprochen werden.

Ein Paradoxon unserer Zeit: In der Großschifffahrt und bei Behördenfahrzeugen darf nach wie vor die hochgiftige Farbe der 1970er und 1980er Jahre eingesetzt werden, während die härteren Umweltbestimmungen allein für die Freizeitschifffahrt gelten. Die Chemieindustrie arbeitet seit Jahren an Antifouling-Farben, die unter Umweltgesichtspunkten akzeptabel sind und gleichzeitig eine möglichst

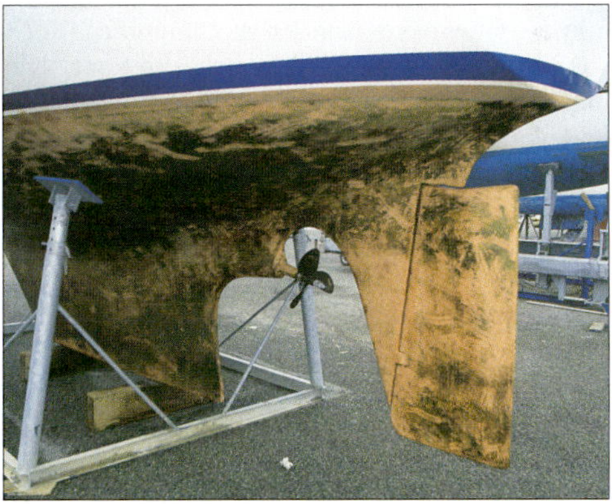

097se Abb.: wk

◀ **Bewuchs**
*Ein mit einer nur wenigen Millimetern Dicke algenbewachsener Rumpf entwickelt derartig viel Reibung im Wasser, dass er je nach Bewuchsstärke bis zu 50 % seines Geschwindigkeitspotentials verlieren kann.*

Menschliches

hohe bewuchshemmende Wirkung haben. Die Lösung ist noch nicht gefunden. Nach einer neuesten Idee sollen bernsteinähnliche Harze eingesetzt werden, denn – wie jedermann weiß – Bernstein wird auch nach Jahrtausenden ohne jeden Bewuchs im Meer gefunden.

**Farbkontakt vermeiden**

*Vermeiden sie als Schwimmer den direkten Hautkontakt mit der Unterwasserfarbe des Rumpfes. Die Farbe ist an der Oberfläche weich, denn sie soll sich im Wasser bei Fahrt langsam auflösen. Zwar besteht keine direkte Vergiftungsgefahr bei kurzem, kleinflächigem Kontakt, doch könnten empfindliche Menschen eventuell leichte Irritationen auf der Haut bekommen.*

Dank zunehmendem Umweltbewusstsein werden nicht nur im Binnenland, sondern auch in Küstenregionen mehr und mehr **Naturschutzgebiete** eingerichtet, in denen Boote und Yachten sich nur sehr eingeschränkt bewegen dürfen. Befahrensverbote oder zumindest Ankerverbote gibt es nicht nur in Wattengewässern der deutschen Nordseeküste, sondern auch im Mittelmeer.

Im Zuge dieser Entwicklung ist der Einbau von **Fäkalientanks** in Freizeitboote in vielen Gebieten heute vorgeschrieben. Denken sie als Mitsegler daran, den Tank auch tatsächlich zu benutzen. Andernfalls kann es für den Skipper – und somit auch für sie – teuer werden. In einigen türkischen Häfen wurden in der letzten Zeit verschärfte Kontrollen hinsichtlich der Toilettenbenutzung durchgeführt und einige Besatzungen mussten empfindliche Geldstrafen dafür zahlen, dass sie im Hafen den Fäkalientank nicht benutzt hatten. (Dass die Abwässer vieler Restaurants direkt ungefiltert in das Hafenwasser führen, wird allerdings ignoriert!)

**Müll an Bord,** ein weiteres leidiges Thema! Denken sie beim Einkauf für den Törn an genügend stabile Müllsäcke. In Festlandshäfen ist es kein Problem, den Müll zu entsorgen, auf manchen Inseln hingegen kann es schwieriger werden. Und selbst wenn Müllbehälter vorhanden sind, so ist es keineswegs sicher, dass der Müll auch dort in akzeptabler Weise entsorgt wird. Es gibt auch heute noch zahlreiche Inseln (z.B. in Frankreich, Italien, Griechenland, Türkei) auf denen Müll in den Häfen zwar gesammelt, aber anschließend irgendwo im Inselinneren oder in einer abgelegenen Bucht im offenem Feuer verbrannt wird. Kommentar überflüssig! Nehmen sie ihren Müll im Zweifelsfall lieber bis in einen Festlandshafen mit, von dem sie wissen, dass dort in akzeptabler Weise entsorgt wird.

104se Abb.: wk

## Mit Badehose und Ölzeug ...

# Meteorologisches

# Grundlagen der Meteorologie

## Was ist Wetter?

**Literaturtipp:** *Der ebenfalls in der Praxis-Reihe erschienene Titel „Sonne, Wind und Reisewetter" von F. Vogel vermittelt das Basiswissen, um Wettererscheinungen verstehen und interpretieren zu können.*

Unter Wetter versteht man die aktuelle, regional begrenzte Situation im Hinblick auf Bewölkung, Niederschlag, Temperatur, Luftdruck, Luftfeuchtigkeit, Wind in Richtung und Stärke, Sicht und Schadstoffe.

## Wind

Den Segler interessiert natürlich in erster Linie der Wind, woher er kommt und mit welcher Geschwindigkeit er bläst. Die **Windrichtung** wird über die Richtungen der Kompassrose angegeben. Es ist in wissenschaftlichen Veröffentlichungen üblich, Ost mit E abzukürzen (engl. East). Der Wind wird nach der Richtung benannt, aus der er kommt, anders als die Strömung im Wasser, die nach der Richtung bezeichnet wird, in die sie setzt. Ein Westwind kommt aus Westen. Hingegen: Eine Westströmung im Wasser kommt aus Osten und setzt nach Westen.

**Hoch und Tief international**

*Segler sollten auch die englischen und französischen Abkürzungen für Hochs und Tiefs kennen, um im Ausland Wetterkarten lesen zu können:*

- *deutsch: Hoch = H, Tief = T*
- *englisch: high = H, low = L*
- *französisch: anticyclone = A, dépression = D*

**Wie entsteht der Wind?** Wind ist nichts anderes als Luftströmung, die durch Druckunterschiede zwischen einem Gebiet hohen ↗Luftdrucks (Hochdruckgebiet, wissenschaftlich Antizyklone genannt) und einem Gebiet niedrigen Luftdrucks (Tiefdruckgebiet, wissenschaftlich Zyklone genannt).

## Luftdruck

Der **Luftdruck** wird in Hektopascal (Abkürzung: hPa) angegeben, was als Zahlenwert dasselbe bedeutet wie die früher übliche Einheit Millibar (Abkürzung mbar). 1013 hPa ist der Wert des mittleren Luftdrucks in Meereshöhe. Druckgebilde mit einem Kerndruck unter 1013 hPa werden als Tief bezeichnet, über 1013 hPa hingegen als Hoch.

Auf der Nordhalbkugel dreht sich die Luftmasse eines Tiefs gegen und die des Hochs im Uhrzeigersinn. Auf der Südhalbkugel ist es umgekehrt. Um die Ursachen für diese Drehbewegungen richtig zu verstehen, sind komplexe physikalische Darstellungen notwendig, die hier zu weit führen würden. Die Ablenkung der Luftmassen wird durch die so genannte Coriolis-Kraft hervorgerufen, deren Entstehung auf die Drehung der Erde und ihre Kugelgestalt zurückgeht.

Um ein Tief in eine **Wetterkarte** einzuzeichnen, benötigt man eine große Zahl von Luftdruck-Messpunkten. Verbindet man Punkte gleichen Luftdrucks untereinander, so entstehen ringförmige Linien, in deren Mitte das Tiefdruckzentrum liegt. Eine solche Verbindungslinie zwischen Punkten mit gleichem Luftdruck wird Isobare genannt. In Verbindung mit der Rotationsrichtung des Druckgebildes (T gegen die Uhr, H mit der Uhr) lässt sich so auf die Windrichtung schließen.

**Luftdruck**

*Luftdruck ist nichts anderes als eine Konsequenz aus der Tatsache, dass auch Luft eine Masse darstellt und folglich ein Gewicht hat: 1 Liter Luft hat an der Erdoberfläche bei einer Temperatur von 0 °C die Masse von ca. 1,3 Gramm. 1 Kubikmeter Luft wiegt somit 1,3 kg. Erwärmt sich die Luft, so verringert sich die Teilchenzahl pro Liter, sie wird leichter. Umgekehrt wird sie umso schwerer, je geringer ihre Temperatur ist. Daraus ergibt sich, dass große Kaltluftmassen wie z.B. im Winter über Zentralasien Hochdruckgebiete bilden, während in tropischen Regionen bei starker senkrechter Sonneneinstrahlung (Sonne im Zenit) Tiefs entstehen.*

Meteorologisches

▼ *Winde zwischen Hoch und Tief*

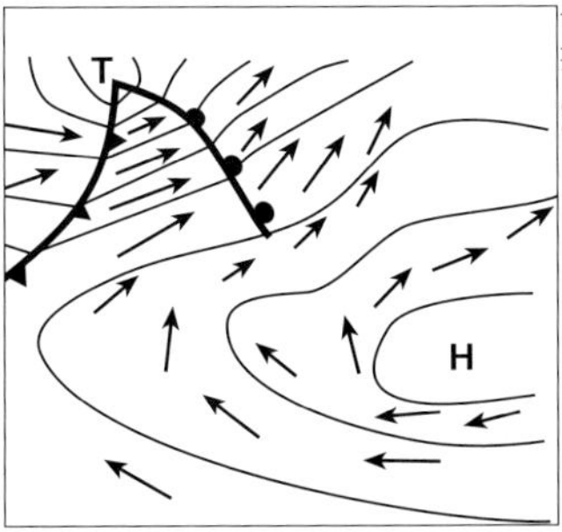


847se Abb.: tb

## Windstärken (nach Beaufort)

| Windstärke | Windgeschwindigkeit in m/s | in Knoten (in km/h) | Bezeichnung |
|---|---|---|---|
| ***0*** | *0 bis 0,2* | *0 bis 1 (0 bis 1)* | *windstill* |
| ***1*** | *0,3 bis 1,5* | *1 bis 3 (2 bis 5)* | *leiser Zug* |
| ***2*** | *1,6 bis 3,3* | *4 bis 6 (6 bis 11)* | *leichte Brise* |
| ***3*** | *3,4 bis 5,4* | *7 bis 10 (12 bis 19)* | *schwache Brise* |
| ***4*** | *5,5 bis 7,9* | *11 bis 15 (20 bis 28)* | *mäßige Brise* |
| ***5*** | *8,0 bis 10,7* | *16 bis 21 (29 bis 38)* | *frische Brise* |
| ***6*** | *10,8 bis 13,8* | *22 bis 27 (39 bis 49)* | *starker Wind* |
| ***7*** | *13,9 bis 17,1* | *28 bis 33 (50 bis 61)* | *steifer Wind* |
| ***8*** | *17,2 bis 20,7* | *34 bis 40 (62 bis 74)* | *stürmischer Wind* |
| ***9*** | *20,8 bis 24,4* | *41 bis 47 (75 bis 87)* | *Sturm* |
| ***10*** | *24,5 bis 28,4* | *48 bis 55 (88 bis 102)* | *schwerer Sturm* |
| ***11*** | *28,5 bis 33* | *56 bis 63 (103 bis 117)* | *Orkan* |

| Anzeichen | Seegang (Stärke) | Wellenhöhe (freies Meer) |
|---|---|---|
| *glatte Wasseroberfläche* | *völlig glatte See (0)* | *0 m* |
| *leichte Kräuselungen* | *sehr ruhige See (1)* | *bis 0,1 m* |
| *kleine Wellen ohne Schaumkronen* | *ruhige See (2)* | *bis 0,5 m* |
| *vereinzelt erste Schaumkronen* | *leicht bewegte See (3)* | *bis 0,8 m* |
| *überall kleinere Schaumkronen* | *mäßig bewegte See (4)* | *bis 1 m* |
| *mäßige Wellen, große Schaumköpfe* | *ziemlich grobe See (5)* | *bis 2 m* |
| *flächige Schaumkämme* | *grobe See (6)* | *bis 3 m* |
| *Schaumkämme in Windrichtung streifenartig abgerissen* | *hohe See (7)* | *bis 4 m* |
| *hohe brechende Kämme* | *hohe See (7)* | *bis 7 m* |
| *lange, breitflächig brechende Berge* | *sehr hohe See (8)* | *bis 9 m* |
| *gewaltige, rollende Wellenberge, Luft ist mit Gischt angefüllt* | *sehr hohe See (8)* | *bis 12 m* |
| *mittelgroße Schiffe verschwinden in Wellentälern* | *schwere See (9)* | *über 12 m* |

**Woher weht der Wind?**

*Eine konkrete Situation: Sie stehen vor dem Büro des Hafenmeisters in Helgoland und sehen die neue Wetterkarte im Schaukasten. Ein Tief mit Zentrum über der mittleren Nordsee zeigt eine Isobare mit 995 hPa von SW Richtung NE über Helgoland. Vereinfacht lässt dies den Schluss zu, dass über Helgoland SW-Wind herrscht.*
*Dies ist allerdings insofern zu sehr vereinfacht als nicht berücksichtigt wird, dass a) die Luft auch in das Tief hineinströmt (niedrigster Druck im Zentrum!) und b) das gesamte Tief selbst sich möglicherweise verlagert. In der Nordsee häufig von West nach Ost.*
*Bei geringer Verlagerungsgeschwindigkeit könnte man der Karte entnehmen, dass der Wind über Helgoland ein S- bis SW-Wind sein wird, über Nord-Dänemark wird es ein SE- bis E-Wind sein, über Aberdeen ein NE- bis N-Wind und über den Niederlanden ein W- bis SW-Wind.*

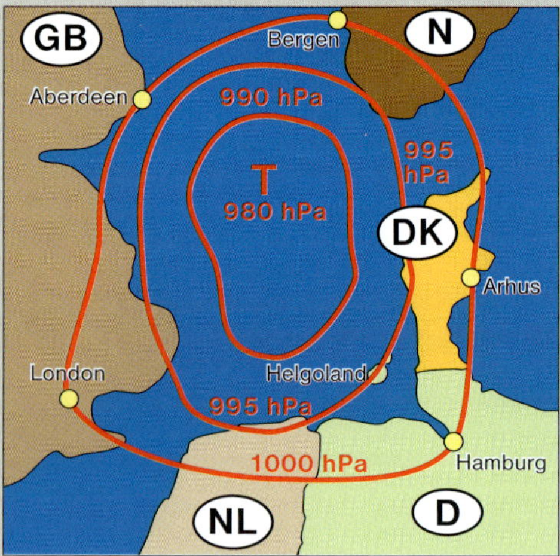


848se Abb.: tb

## Windstärken in Beaufort

Neben der Richtung ist natürlich die Stärke des Windes von Bedeutung. Auch bei der **Beurteilung der Windstärke** hilft wieder die Isobarendarstellung in der Karte. Es ist einleuchtend, dass der Wind umso stärker bläst, je größer der Druckunterschied zwischen benachbarten Luftmassen ist. Dies lässt sich auf der Wetterkarte an der Dichte der Isobaren ablesen: Verlaufen die Isobaren dicht gedrängt, so bedeutet das viel Wind. Umgekehrt lässt geringe Isobarenverdichtung auf Schwachwind schließen.

Die **Windgeschwindigkeit** lässt sich in Kilometern pro Stunde (km/h), in Metern pro Sekunde (m/s), in Seemeilen pro Stunde, identisch mit Knoten (1 Kn = sm/h) und in der Beaufort-Skala angeben. Die Tabelle auf der vorhergehenden Seite zeigt die Zusammenhänge und beschreibt gleichzeitig, wie sich der Wind auf den Seegang auswirkt.

Man beachte, dass die Beaufort-Skala keine lineare Skala darstellt: 8 Beaufort bedeutet nicht, dass der Wind doppelt so stark ist wie bei 4 Beaufort. Die Einteilung bezieht sich vielmehr auf das Erscheinungsbild des Seegangs mit seinen markanten Übergangsformen (siehe auch Tabelle S. 128).

## Bewölkungsarten

Um die Wetterentwicklung zu beurteilen, ist nicht zuletzt die richtige Identifizierung des Wolkentyps notwendig. Die auf der folgenden Seite dargestellte Bildfolge zeigt typische Wolkenarten in der Reihenfolge, in der sie beim Durchzug eines Tiefs häufig auftreten:
1) Cirrus, 2) Cirrostratus, 3) Stratus, 4) Altostratus, 5) Nimbostratus, 6) Cumulus, 7) Cumulonimbus.

▲ *1) Cirrus*

▲ *2) Cirrostratus*

▲ *5) Nimbostratus*

▲ *6) Cumulus*

## Das typische Tief

Beim Durchzug eines Tiefs zeigen sich in Nord-, Mittel- und Westeuropa häufig gewisse Regelmäßigkeiten im zeitlichen Ablauf. Es ist durchaus möglich, eine eigene Wettervorhersage zu wagen unter der Voraussetzung, dass Sie mindestens über ein gutes Barometer (besser noch einen Barographen), einen Rundumblick am Himmel auf die Bewölkung haben und die Windrichtung feststellen können.

**Typische Kennzeichen** eines Tiefs sind:

▲ *3) Stratus*

▲ *4) Altostratus*

▲ *7) Cumulonimbus*



- Fallender Luftdruck (Kerndruck in der Regel unter 1010 hPa, Sturmtiefs in Extremfällen mit Kerndruck bis zu 950 hPa).
- Anfangs Nieselregen, später stundenlanger, stärkerer Regen, anschließend Schauer.
- Zunehmender Wind, anfangs aus südlichen bis südwestlichen, später westlichen bis nordwestlichen Richtungen. Die Winddrehung erklärt sich aus der Tatsache, dass die Luftmassen des Tiefs gegen den Uhrzeigersinn drehen. (Dies gilt nur auf der Nordhalbkugel! Auf der Südhalbkugel drehen Tiefs im Uhrzeigersinn.)

Je nach Großwetterlage und Region zieht ein Tief in Europa in der Regel innerhalb ein bis drei Tagen durch. In Irland, England und Westfrankreich geht es meist schneller als in Holland, Dänemark oder Deutschland.

Ein Beispiel: Standort List auf Sylt im Juli. Sie hatten eine Woche wunderschönes Sommerwetter, keine Wolke am Himmel, hoher Luftdruck, sagen wir 1028 hPa, wechselnde, leichte Winde. Am Nachmittag sehen Sie einige Cirruswolken von Südwesten aufziehen. Sie schauen auf Ihr Barometer und stellen fest, dass der Luftdruck in den letzten 6 Stunden um 7 hPa gefallen ist. Auch der Wind hat sich verändert, er weht zwar immer noch leicht, aber seit einigen Stunden stetig aus südlicher bis südwestlicher Richtung.

▼ *Kennzeichen eines Tiefs*

Die drei Wettervariablen Bewölkung, Luftdruck und Wind weisen alle darauf hin, dass ein Tief sich im Anmarsch befindet.

| | **Schönwetter** | **Ankündigungsphase** | **Eintrübungsphase** |
|---|---|---|---|
| **Bewölkung** | *keine oder Cumulus* | *Cirrus* | *Stratus* |
| **Niederschlag** | *keiner* | *keiner* | *erster leichter Nieselreg* |
| **Luftdruck** | *rel. hoch, z.B. 1026 hPa* | *fällt, z.B. in 6 Std. auf 1018 hPa* | *fällt weiter, z. B. in eine Nacht auf 1008 hPa* |
| **Temperatur** *(im Sommer)* | *rel. hoch, z.B. 25 °C* | *weiterhin rel. hoch* | *fällt wegen Bewölkung* |
| **Luftfeuchtigkeit** | *gering* | *konstant, leicht steigend* | *weiter steigend* |
| **Windrichtung** | *wechselnd* | *südlich bis südwestlich* | *südlich bis südwestlich* |
| **Windstärke** | *gering, wechselnd, thermisch bedingt* | *gering, aber zunehmend* | *weiter zunehmend* |

In der Tat ziehen Tiefs in der Regel mit kennzeichnenden Merkmalen durch, die bei genauer Beobachtung eine Beurteilung der zu erwartenden Wetterentwicklung zulassen. Diese kennzeichnenden Merkmale sind in der folgenden Tabelle zusammengefasst. Die zeitliche Abfolge ist waagerecht dargestellt, die zu beobachtenden Wetterelemente senkrecht.

## Kennzeichen eines Hochs

Hochdruckgebiete sind in der Regel zeitlich stabiler und geographisch ausgebreiteter als Tiefs. Ein Hoch, das jeder aus der Wettervorhersage im Sommer kennt, ist das so genannte Azorenhoch, das seinen Namen nach der Inselgruppe im mittleren Nordatlantik trägt.

| **Regenphase, Warmfront** | **Aufklarungsphase, Kaltfront** |
|---|---|
| *Nimbostratus* | *Stratocumulus oder Cumulus* |
| *Dauerregen* | *Regenschauer* |
| *konstant tief z.B. auf 993 hPa* | *steigt stetig, z.B. in 12 Stunden auf 1015 hPa* |
| *fällt weiter wegen Regen* | *fällt, da Wind aus NW, steigt bei längeren Sonnenphasen* |
| *weiter steigend, dann konstant hoch* | *wieder fallend* |
| *südwestlich bis westlich* | *westlich bis nordwestlich* |
| *konstant, rel. hoch* | *böig, zeitweise stark* |

Der **Kerndruck** eines Hochs liegt per Definition über 1013 hPa, in der Regel zwischen 1020 hPa und 1035 hPa. Extrem ausgeprägte Hochs haben einen Kerndruck von bis zu 1050 hPa. Die Luftmassen eines Hochs drehen sich auf der Nordhalbkugel im Uhrzeigersinn und auf der Südhalbkugel der Uhr entgegen.

**Nach dem Durchzug eines Tiefs** muss nicht zwingend ein Hoch folgen (und schon gar nicht in Norddeutschland). Ob sich die Großwetterlage prinzipiell ändert und ein länger andauerndes Hoch sich bildet, ist mit Bordmitteln kaum beurteilbar. Steigt der Luftdruck allerdings stetig auf Werte über 1020 hPa, so muss zumindest nicht mit Regen gerechnet werden. Das bedeutet allerdings nicht, dass der Wind schwach werden muss. Zunehmende Windstärke bei steigendem Luftdruck ist zumindest vorübergehend zu erwarten, wenn sich z.B. der Keil eines Azorenhochs nach Osten ausweitet und gleichzeitig die Westflanke eines Tiefs bedrängt, das sich nur langsam bewegt.

## Thermischer Wind

Eine Sonderform der Windentstehung, die sich oft in den Sommermonaten während einer ausgeprägten Hochdrucklage an der Küste beobachten lässt, ist der thermische Wind, auch Land- und Seewind genannt.

Voraussetzung für das Entstehen des thermischen Windes ist hohe Sonneneinstrahlung an einer Küste mit großflächigem Hinterland, das sich relativ schnell erwärmen kann. Am Himmel erkennt man die Entstehung eines thermischen Windes häufig durch wachsende Cumulus-Bewölkung über dem Land, während der Himmel über dem Meer wolkenlos bleibt.

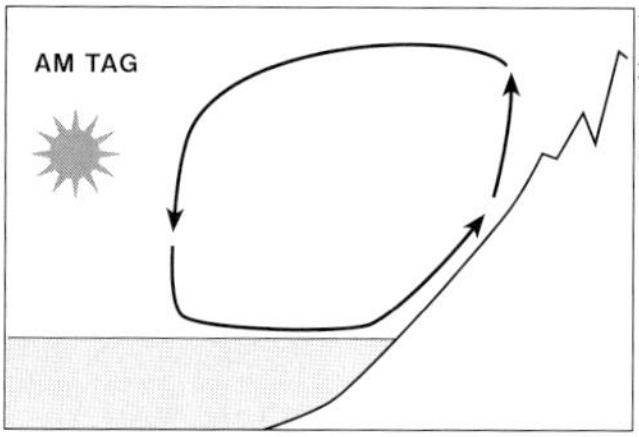


850se Abb.: wk

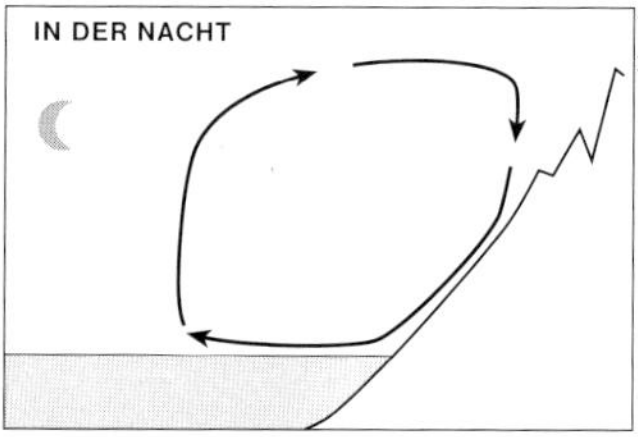


849se Abb.: tb

Ein Beispiel: Brighton im Monat Juli, ein Hoch von 1030 hPa über Südengland. Tagsüber scheint die Sonne aus einem tiefblauen Himmel und erwärmt das Land. Zwar erwärmt sich auch die Wasseroberfläche ein wenig, aber doch deutlich geringer als das Land. Die Folge: Die Luft über dem Land wird leichter als die über dem Wasser und steigt auf. Diese aufsteigende Luft erzeugt einen relativen Unterdruck, der ausgeglichen werden muss. Andere Luftmassen aus der Umgebung müssen nachfließen. Und woher können diese nachfließenden Luftmassen kommen? Vom Meer! Es kommt zu einem walzenförmigen Luftaustausch, bei dem in Oberflächennähe Luft von See zum Land fließt (Seewind, auflandiger Wind) und in größerer Höhe umgekehrt wieder zum Meer zurückfließt.

Dieser Seewind setzt je nach Sonnenintensität früher oder später am Vormittag ein und legt sich wieder gegen Abend mit der sinkenden Sonne. Seine Stärke kann mancherorts bis zu 5 Beaufort erreichen. Überlagert er sich mit einem Wind, der sich aus der Großwetterlage ergibt, so kann er auch noch stärker werden.

Nachts dreht sich die Situation um: Das Land kühlt sich stärker ab als die See, sagen wir z.B. auf 14° C über dem Land bei 20° C Wassertemperatur. Folglich ist die Luft über dem Meer leichter als die über dem Land. Die Luftwalze wird nun ihren Drehsinn ändern: Seeluft steigt auf, der relative Unterdruck der Luft über dem Wasser muss ausgeglichen werden. Die kühlere, schwerere Landluft fließt nun seewärts und erzeugt einen ablandigen Wind.

211se Abb.: wk

## Ich will ein Boot!

# Chartern

## Internationale Bestimmungen, Führerscheine

Es gibt momentan (noch) keine europäischen Bestimmungen hinsichtlich der zum Chartern einer Segelyacht vorgeschriebenen Führerscheine. In den meisten Ländern wird vom Skipper der Yacht ein Befähigungsnachweis gefordert, der dem deutschen **Sportbootführerschein-See** entspricht.

Der so genannte **BR-Schein** des DSV (Deutscher Segler Verband) wird ebenfalls von vielen Vercharterern anerkannt. In der Seglerausbildung in Deutschland wird häufig der BR-Schein in Verbindung mit dem Sportbootführerschein gemeinsam abgelegt. Vom Mitsegler wird kein Führerschein erwartet.

Der Charterer sollte sich im konkreten Fall beim Vercharterer nach den geforderten Nachweisen erkundigen. In manchen Ländern werden die für Einheimische geltenden Bestimmungen nicht unbedingt auf Ausländer angewandt. In Frankreich können Sie bei manchen Vercharterern die Schlüssel einer großen Segelyacht allein nach mündlichem Hinweis auf ausreichende Erfahrung bekommen.

! Doch selbst wenn es juristisch möglich ist, ein Schiff auch ohne Führerschein zu chartern, so sollten Sie dies möglichst nicht tun. Solange es nicht zu einer Havarie kommt, ist die Welt in Ordnung, doch wehe, es kommt zu einem Unfall mit nachfolgender Verhandlung!

Vom Skipper wird gefordert, dass er nur solche Seereisen unternimmt, die seiner Erfahrung und Ausbildung entsprechen und für die das Boot ausgerüstet ist. Für welche Aufgaben an Bord die Mitsegler eingesetzt werden, verantwortet er. Sie als Crew sind juristisch in der Regel „aus dem Schneider".

# Chartermöglichkeiten

Sie suchen eine Mitsegelmöglichkeit? Der schnellste Weg führt über die privaten oder auch geschäftlichen Anzeigen in einer der großen Segelzeitschriften. Die **Auswahl** ist riesig: Von der Kojencharter auf kleinen Privatyachten bis zu Segel- und Arbeitsmöglichkeiten auf großen Rahseglern ist alles zu finden. Weltweit werden Boote und Yachten aller Größen angeboten. Um das geeignete Boot zu finden, sind die Kleinanzeigen einer Fachzeitschrift der richtige Weg. Auch über das Internet sind Mitsegelmöglichkeiten zu finden. Suchen Sie unter den Stichwörtern „Mitsegeln" oder „Kojencharter".

*▲ Selbst für Rahsegler gibt es Charterangebote*

Es gibt sogar speziell für die Vermittlung von Besatzungsmitgliedern gebildete **„Mitsegelzentralen".** Um allerdings das Risiko möglichst gering zu halten, während des Törns zu viele zwischenmenschliche Probleme ertragen zu müssen, ist es sicherlich am besten, Sie stellen sich aus ihrem Bekannten- oder Freundeskreis eine Crew von Gleichgesinnten zusammen.

**Checkliste: Auswahl des Vercharterers**

- ❑ *Ist der Vercharterer in der Lage, den allgemeinen Zustand und die Ausrüstung der Yacht detailliert und glaubwürdig zu beschreiben? (Fotos, Plan der Inneneinrichtung, Ausrüstungsliste allgemein und Sicherheitsausrüstung, Registrierpapiere)*
- ❑ *Welche Garantien gibt der Vercharterer für den technisch einwandfreien Zustand der Yacht?*
- ❑ *Bietet der Vercharterer eine Ersatzyacht im Falle von technischen Problemen?*
- ❑ *Kann der Vercharterer Referenzen nennen von Seglern, die schon bei ihm gebucht hatten?*
- ❑ *Bietet der Vercharterer die Möglichkeit einer preislich akzeptablen Kasko-Versicherung für die Yacht?*
- ❑ *Kann der Vercharterer eine fachkundige Übergabe der Yacht anbieten?*

*Der Charterer kann in der Regel nicht davon ausgehen, dass eine neuere Yacht in besserem Zustand ist als eine ältere. Manche Yachten in der Karibik sind nach zwei Jahren in erheblich schlechterem Zustand als achtjährige Yachten in der Ostsee. Am besten ist es, wenn der Charterer jemanden kontaktieren kann, der das Schiff vor Kurzem selbst gesegelt hat odes es wenigstens kennt.*

## Kosten

Die Kosten für den einzelnen Segler variieren stark: Sie hängen natürlich von der Zahl der Mitsegler ebenso ab, wie von deren Essens- und Lebensgewohnheiten (Bordkasse) und insbesondere vom Fahrtgebiet (Mittelmeer ist teurer als Ostsee), der Saison (Vor- oder Hauptsaison) und von der Schiffsgröße. Nehmen wir folgende Beispiele:

**Beispiel 1:** 12-m-Yacht in Südfrankreich im August mit sechs Leuten für eine Woche gechartert.

| | |
|---|---|
| • Charterpreis | 3000 € |
| • Hafengebühren, 4 Nächte in der Marina | 240 € |
| • Diesel (3 Tage Flaute) | 100 € |
| • Bordkasse für Verpflegung | 800 € |
| • **Gesamtkosten:** | **4140 €** |

Verteilt auf sechs Besatzungsmitglieder bedeutet das also etwa 700 € pro Person und Woche.

**Beispiel 2:** Nebensaison in der Ostsee auf der gleichen Yacht ebenfalls mit sechs Personen an Bord.

| | |
|---|---|
| • Charter | 2000 € |
| • Hafengebühren | 100 € |
| • Diesel | 40 € |
| • Verpflegung | 600 € |
| • Gesamtkosten | **2740 €** |

Verteilt auf sechs Personen macht das nur noch ca. 450 € pro Person und Woche.



## Segelreviere

Wer die Qual der Wahl hat, kann sich anhand der folgenden Aufstellungen erst einmal grob orientieren, welches Segelrevier für den eigenen Charterwunsch geeignet ist. Die Reviere werden unter folgenden Gesichtspunkten beschrieben:

- Welche Reviere sind geeignet für Segelnewcomer?
- Welche Besonderheiten herrschen in den verschiedenen Revieren hinsichtlich Klima, Wetter und Gezeiten?

| | Eignung für Anfänger | Navigatorisches Niveau | Marinas | Ankerbuchten |
|---|---|---|---|---|
| ***Deutsche Binnenseen*** | *geeignet* | *gering* | *rel. wenige* | *wenige* |
| ***Deutsche Ostsee*** | *geeignet* | *mittel* | *gut* | *gut Winde möglich* |
| ***Deutsche Nordsee*** | *nicht geeignet* | *hoch* | *gut* | *wenige Winde möglich* |
| ***Holland*** | *schwieriger* | *mittel bis hoch* | *gut* | *wenige* |
| ***Dänische Nordsee*** | *geeignet* | *mittel bis hoch* | *gut* | *rel. viele* |
| ***Franz. Nordküste, Normandie, Nordbretagne*** | *nicht geeignet* | *mittel bis hoch* | *rel. wenige, z.T. aber gut* | *i.A. wenige, Nordbretagne viele* |
| ***Franz. Westküste, Südbretagne, Atlantik*** | *vielerorts geeignet* | *sehr unterschiedlich, eher hoch* | *rel. viele und gut* | *sehr zahlreich und schön, auß Süd-Biskaya* |
| ***Franz. Mittelmeerküste*** | *im Sommer geeignet* | *gering* | *rel. viele und gut* | *sehr zahlreich und schön* |
| ***Italien*** | *geeignet* | *gering* | *rel. viele* | *unterschiedlich z.T. sehr schön* |
| ***Kroatien*** | *gut geeignet* | *gering* | *wenige, oft in Fischerhäfen* | *viele und schön* |
| ***Griechenland*** | *unterschiedlich, z.T. gut* | *gering* | *oft in Fischerhäfen* | *viele und schön* |
| ***Türkei*** | *unterschiedlich, z.T. gut* | *gering* | *wenige, oft in Fischerhäfen* | *viele und schön* |
| ***Karibik*** | *unterschiedlich, z.T. gut* | *gering* | *wenige* | *viele und schön* |

| Wetter, Winde im Sommer | Gezeiten | Charter-möglichkeiten | Versorgungs-möglichkeiten | Kulturelle Angebote an Land |
|---|---|---|---|---|
| *wechselhaft, eher wenig Wind* | *keine* | *gering* | *gut* | *unterschiedlich* |
| *wechselhaft, alle max. 0,5 m* | *kaum,* | *gut* | *gut* | *unterschiedlich* |
| *wechselhaft, alle* | *ca. 2-3 m* | *gering* | *gut* | *unterschiedlich* |
| *wechselhaft, alle Winde möglich* | *gering* | *gut* | *gut* | *unterschiedlich* |
| *wechselhaft, alle Winde möglich* | *keine* | *gut* | *gut* | *unterschiedlich* |
| *wechselhaft, alle Windverhältnisse möglich* | *stark, 5-11 m Tidenhub* | *gut* | *sehr gut* | *gut* |
| *überwiegend mild bis warm, wechselnde Winde* | *mittel, 3-6 m Tidenhub* | *sehr gut* | *sehr gut* | *sehr gut* |
| *eher wenig Wind, thermisch* | *keine* | *gut* | *sehr gut* | *gut* |
| *eher wenig Wind, thermisch* | *keine* | *mittel* | *sehr gut* | *gut* |
| *eher wenig Wind, thermisch* | *keine* | *gut* | *gut* | *gut* |
| *z.T. wechselnde Winde, Flaute bis Starkwind* | *keine* | *gut* | *gut* | *gering bis gut* |
| *z.T. wechselnde Winde, Flaute bis Starkwind* | *keine* | *gut* | *gut* | *gering bis gut* |
| *nur Winter zu empfehlen, dann stetige Ostwinde* | *gering* | *gut* | *gut* | *gering bis gut* |

037se Abb.: wk

# Anhang

# Internet

Unter den Hunderten von Möglichkeiten hier einige wirklich informative Sites:

**www.esys.org**
DIE Segler-Informationsquelle Nr. 1 mit zahlreichen Hyperlinks zu Themen wie Mitsegeln, Wetter, Reiseberichte, Juristisches, Motorenkunde, Ausrüstung, und, und, und ...

**www.trans-ocean.org**
Wertvolle Informationsquelle für alle Themen des Fahrtensegelns weltweit.

**www.shipshop.de**
Alles was den Segler im Bereich Bootsausrüstung interessiert.

**www.wetterzentrale.de**
Die in Europa und weltweit umfassend informierende Wetterpage Nr. 1, insbesondere mit 9-Tage-Vorhersagekarten.

**www.biskaya.de**
Website des Autors, Segeltraining und Erlebnistörns auf der Yacht des Autors und auf anderen Hochseeyachten mit deutschem oder französischem Skipper in der Bretagne, an der französischen Atlantikküste, auf Korsika, auf den Azoren, in der Karibik sowie Transatlantik-Törns. Außerdem auf Wunsch auch französisches Sprachtraining an Bord auf Törn.

# Literaturhinweise

**„Seemannschaft“,**
umfassendes Kompendium des Yachtsegelns, Delius Klasing

**„Seewetter“,**
sehr detaillierte Einführung in die Wetterkunde, DSV-Verlag

**„Dieselmotoren auf Yachten“,**
verständliche Hilfen bei Motorpannen, Delius Klasing

**„Seekrankheit“,**
hilfreiche Tipps zum Neptunsopfer, Delius Klasing

**„Revierführer“,**
verschiedene Bände mit guten Beschreibungen von Segelrevieren weltweit, Edition Maritim

**„Medizin auf See“,**
auch für medizinische Laien verständliche Hilfestellungen für die meisten an Bord vorkommenden Leiden und Unfälle, DSV-Verlag

Anhang

# Alle Reiseführer auf einen Blick

## Reisehandbücher
## Urlaubshandbücher
## Reisesachbücher
## Rad & Bike

Afrika, Bike-Abenteuer
Afrika, Durch, 2 Bde.
Agadir, Marrakesch
und Südmarokko
Ägypten individuell
Ägypten Niltal
Alaska ↗ Canada
Algarve
Algerische Sahara
Amrum
Amsterdam
Andalusien
Apulien
Äqua-Tour
Argentinien, Urug., Parag.
Athen
Äthiopien
Auf nach Asien!
Australien, Osten/Zentrum
Auvergne, Cevennen
Bahrain
Bali und Lombok
Bali, die Trauminsel
Bangkok
Barcelona
Berlin
Borkum
Botswana
Brasilien
Brasilien kompakt
Bretagne
Budapest
Bulgarien
Burgund
Cabo Verde
Canada West, Alaska
Canadas Ost, USA NO
Chile, Osterinseln
China Manual
Chinas Norden
Chinas Osten
Cornwall
Costa Blanca
Costa Brava
Costa de la Luz
Costa del Sol
Costa Dorada
Costa Rica
Cuba
Dalmatien
Dänemarks Nordseeküste
Disneyland Resort Paris
Dominikanische Republik
Dubai, Emirat
Ecuador, Galapagos
El Hierro
Elsass, Vogesen
England – Süden
Erste Hilfe unterwegs
Europa BikeBuch
Fahrrad-Weltführer
Fehmarn
Florida
Föhr
Friaul, Venetien
Fuerteventura
Gardasee
Golf v. Neapel,
Kampanien
Gomera
Gotland
Gran Canaria
Großbritannien
Guatemala
Hamburg
Hawaii
Hollands Nordseeinseln
Holsteinische Schweiz
Honduras
Hongkong, Macau, Kanton
Ibiza, Formentera
Indien – Norden
Indien – Süden
Iran
Irland
Island
Israel, palästinensische
Gebiete, Ostsinai
Istrien, Velebit
Jemen
Jordanien
Juist
Kairo, Luxor, Assuan
Kalabrien, Basilikata
Kalifornien,
USA Südwesten
Kambodscha
Kamerun
Kanada ↗ Canada
Kap-Provinz (Südafrika)
Kapverdische Inseln
Kenia
Kerala
Korfu, Ionische Inseln
Korsika
Krakau
Kreta
Kreuzfahrtführer
Ladakh, Zanskar
Langeoog
Lanzarote
La Palma
Laos
Lateinamerika BikeBuch
Libyen
Ligurien
Litauen
Loire, Das Tal der
London
Madagaskar
Madeira
Madrid
Malaysia,
Singapur, Brunei
Mallorca
Mallorca,
Leben und Arbeiten
Mallorca, Wandern auf

# Reise Know-How

Malta
Marokko
Mauritius/La Réunion
Mecklenb./Brandenburg: Wasserwandern
Mecklenburg-Vorpomm. Binnenland
Mexiko
Mexiko kompakt
Mongolei
Motorradreisen
München
Myanmar
**N**amibia
Nepal
Neuseeland BikeBuch
New York City
Norderney
Nordfriesische Inseln
Nordseeküste Niedersachsen
Nordseeküste Schleswig-Holstein
Nordseeinseln, Deutsche
Nordspanien
Normandie
**O**man
Ostfriesische Inseln
Ostseeküste MVP
Ostseeküste Schleswig-Holstein
Outdoor-Praxis
**P**anama
Panamericana, Rad-Abenteuer
Paris
Peru, Bolivien
Peru kompakt
Phuket
Polens Norden
Prag
Provence
Pyrenäen
**Q**atar
**R**ajasthan
Rhodos
Rom
Rügen, Hiddensee
**S**ächsische Schweiz
Salzburg
San Francisco
Sansibar
Sardinien
Schottland
Schwarzwald – Nord
Schwarzwald – Süd
Schweiz, Liechtenstein
Senegal, Gambia
Singapur
Sizilien
Skandinavien – Norden
Slowenien, Triest
Spaniens Mittelmeerküste
Spiekeroog
Sri Lanka
St. Lucia, St. Vincent, Grenada
Südafrika
Südnorwegen, Lofoten
Südwestfrankreich
Sydney
Sylt
Syrien
**T**aiwan
Tansania, Sansibar
Teneriffa
Thailand
Thailand – Tauch- und Strandführer
Thailands Süden
Thüringer Wald
Tokyo
Toscana
Transsib
Trinidad und Tobago
Tschechien
Tunesien
Tunesiens Küste
Türkei, Hotelführer
**U**ganda, Ruanda
Umbrien
USA/Canada
USA, Gastschüler
USA, Nordosten
USA – der Westen
USA – der Süden
USA – Südwesten, Natur u. Wandern
USA Südwesten, Kalifornien
Usedom
**V**enedig
Venezuela
Vereinigte Arabische Emirate
Vietnam
**W**ales
Warschau
Westafrika – Sahel
Westafrika – Küste
Wien
Wo es keinen Arzt gibt
**Y**ukatan
**Z**ypern

## Edition RKH

Abenteuer Anden
Burma/Myanmar – Land der Pagoden
Durchgedreht – sieben Jahre im Sattel
Eine Finca auf Mallorca
Geschichten aus dem anderen Mallorca
Goldene Insel, Die
Mallorca, für Leib und Seele
Mallorquinische Reise
Please wait to be seated!
Salzkarawane, Die
Südwärts durch Lateinamerika
Traumstraße Panamerikana
Unlimited Mileage

# Mit Reise Know-How ans Ziel

Die Landkarten des world mapping project bieten gute Orientierung – weltweit.

- Moderne Kartengrafik mit Höhenlinien, Höhenangaben und farbigen Höhenschichten
- GPS-Tauglichkeit durch eingezeichnete Längen- und Breitengrade und ab Maßstab 1 : 300.000 zusätzlich durch UTM-Markierungen
- Einheitlich klassifiziertes Straßennetz mit Entfernungsangaben
- Wichtige Sehenswürdigkeiten, herausragende Orientierungspunkte und Badestrände werden durch einprägsame Symbole dargestellt.
- Der ausführliche Ortsindex ermöglicht das schnelle Finden des Ziels.
- Wasser abstoßende Imprägnierung
- Kein störender Pappumschlag, der den behindern würde, der die Karte unterwegs individuell falzen möchte oder sie einfach nur griffbereit in die Jackentasche stecken will

Derzeit über 100 Titel lieferbar (siehe unter www.reise-know-how.de), z. B.:

| | |
|---|---|
| **Bretagne** | **1:200.000** |
| **Andalusien** | **1:650.000** |
| **Dalmatien** | **1:175.000** |

**world mapping project**
**Reise Know-How Verlag, Bielefeld**

# Praxis-Ratgeber
## kompakt & kompetent

Wer seine Freizeit aktiv verbringt und moderne Abenteuer sucht, braucht spezielles Wissen, das in keiner Schule gelehrt wird. REISE KNOW-HOW beantwortet die vielen Fragen rund um Freizeit, Urlaub und Reisen in der Ratgeberreihe „Praxis".

Kirstin Kabasci
**Islam erleben**

Dr. Dürfeld, Prof. Rickels
**Selbstdiagnose und -behandlung unterwegs**

Hans Strobach
**Fernreisen auf eigene Faust**

Erich Witschi
**Clever buchen – besser fliegen**

Gunter Schramm
**Internet für die Reise**

Volker Heinrich
**Reisefotografie digital**

Matthias Faermann
**Schutz vor Gewalt und Kriminalität unterwegs**

Mark Hofmann
**Verreisen mit Hund**

Hans Hörauf
**Wann wohin reisen?**

Andreas Drouve
**Französische Atlantikküste aktiv**

Jeder Titel:
144-160 Seiten, robuste Bindung,
Taschenformat 10,5 x 17 cm,
Register und Griffmarken
Weitere Titel siehe Seite 152

**REISE KNOW-HOW Verlag, Bielefeld**

# Register



Anhang

128se Abb.: wk

## Der Autor

Wilfried Krusekopf, geb. 1951, erhielt seine Navigationsausbildung in der Marine. Seit über 30 Jahren sammelt er mittlerweile Frankreich-Erfahrungen an Land und auf See. Zahlreiche Atlantiktörns absolvierte er, zum Teil Einhand, zum Teil mit Mannschaft, in den Gewässern Frankreichs, Englands, Irlands, der Azoren, in der Karibik und im Mittelmeer.

Nach 20 Jahren Lehramtstätigkeit am Gymnasium (Mathematik und Physik) machte der staatlich geprüfte Sporthochseeschiffer sein Hobby zum Beruf, zog an den Golfe du Morbihan in der Bretagne und leitet dort das Segel-Programm „France-Maritime". An Bord seiner „Gwenavel", einer Hallberg-Rassy 352, aber auch auf anderen französischen Yachten wird entspanntes Urlaubssegeln ebenso angeboten wie Skippertraining und Französisch-Konversationstraining.

An dem im Reise Know-How Verlag erschienenen Reisehandbuch „Bretagne" ist Wilfried Krusekopf als Hauptautor beteiligt.